Christoph Raedel

Organspende?

Christlich-ethische
Entscheidungshilfen

BRUNNEN
Verlag GmbH · Giessen

FSC
www.fsc.org
MIX
Papier aus verantwortungsvollen Quellen
FSC® C083411

Umschlagfoto: Shutterstock
Umschlaggestaltung: Daniela Sprenger
Satz: DTP Brunnen
Druck: CPI – Ebner & Spiegel, Ulm
ISBN 978-3-7655-4345-6
www.brunnen-verlag.de

Inhalt

Einleitung

Worum es in diesem Buch (nicht) geht

Darf ich, ja soll ich meine Organe spenden, wenn ich einmal tot sein werde? Manche Menschen beschäftigt diese Frage, zumindest kurzzeitig, wenn wieder einmal ein Brief der Krankenkasse eingegangen ist. In diesem Brief bittet die Krankenkasse – einem gesetzlichen Auftrag folgend – ihre Mitglieder darum, sich zur Frage der Organspende ein Urteil zu bilden. In der Regel liegt diesem Schreiben ein Organspendeausweis bei, oft wird mehr oder weniger direkt darum gebeten, ihn auszufüllen und bei sich zu tragen. Ob man dies tut oder nicht, ist der Krankenkasse jedoch nicht mitzuteilen.

Andere Menschen beschäftigt das Thema Organspende jenseits solcher Briefsendungen ganz persönlich. Da gibt es in der Familie eine Angehörige, die Dialysepatientin ist und auf eine neue Niere wartet. Da gibt es im Bekanntenkreis einen Freund, dessen Herz nur noch ganz schwach arbeitet; er hat sich auf die Warteliste für ein Spenderherz setzen lassen – und wartet, wahrscheinlich schon mehrere Jahre. Manchmal sind es auch nicht Organe, sondern Gewebe, die gebraucht werden, um einem Patienten helfen zu können. Aber auch das gibt es: Ein Arbeitskollege lebt mit den Einschränkungen, die die Dialyse mit sich bringt, aber er wünscht keine Transplantation. Er hat sich eingehend damit beschäftigt, was es heißt, mit einem fremden Organ zu leben, und möchte das nicht.

In der Diskussion zum Thema Organspende stehen gleichwohl die Empfänger eines Spenderorgans im Mittelpunkt. Sie ist unverkennbar von der Frage geleitet: Wie lässt sich der „Bedarf" an Spenderorganen decken, also die Zahl der Organspenden erhöhen? Im Jahr 2007 gab der Nationale Ethikrat in Deutschland seiner Stellungnahme zum Thema den programmatischen Titel: „Die Zahl der Organspenden erhöhen".[1] Darin wird den Ursachen des Organmangels in Deutschland nachgegangen und es werden Möglichkeiten geprüft, die Zahl der Organtransplantationen zu erhöhen. Dass dies wünschenswert, ja geboten sei, wird eher vorausgesetzt als diskutiert. Insofern wirkt es nahezu verstörend, wenn sich in der Diskussion Stimmen vernehmen lassen, die in Foren und Veröffentlichungen darlegen, warum sie Nein zur Organspende gesagt haben.[2] Dafür wird häufig auf die Strittigkeit des Hirntodkriteriums verwiesen, das auch uns beschäftigen wird. Oft geht es aber grundsätzlicher religiös-weltanschaulich um die Frage, was das Leben und was der Tod ist und ob sich diese gewichtigen Fragen mittels medizinischer Kriterien überhaupt hinreichend beantworten lassen.

Worum geht es in diesem Buch nicht? „Organspende" bezeichnet in diesem Buch die postmortale Organspende, also die Verpflanzung von Organen, die einem Menschen nach Todesfeststellung entnommen wurden („Leichenspenden"). Das bedeutet, dass es in diesem Buch nicht um Lebendspenden geht, wie sie z. B. bei Niere, Teilen der Leber und Knochenmark möglich und erlaubt sind. Es ist sinnvoll, den Bereich der Lebendspenden aus der Darstellung herauszuhalten, weil sich in ihm die ethischen Fragen in anderer Weise stellen: Zum einen setzen Lebendspenden nicht den Tod des Spenders voraus (und ziehen ihn bei komplikationslosem Verlauf auch nicht nach sich). Folglich spielt die Problematik des Hirntodkriteriums für die ethische Beurteilung keine Rolle. Zum anderen wird das betreffende Organ zwischen Menschen übertragen, die sich persönlich nahestehen, während die postmortale Spende auf einem strikt anonymisierten Verfahren beruht und von daher gerade nicht auf die persönliche Nähe der Beteiligten abhebt. Auch die Blutspende, die Gemeinsamkeiten sowohl mit der Lebend- als auch mit der postmortalen Spende hat, wird hier nicht diskutiert: Sie setzt nicht den Tod des Spenders voraus, kommt aber in der Regel einem unbekannten Empfänger zugute. Auch gehe ich in diesem Buch nicht auf die Frage ein, ob sich die Zahl der Organspenden ethisch verantwortlich dadurch steigern ließe, dass ein staatlich geregelter – oder gar ein freier – Markt für den Organhandel eröffnet würde. Für eine erste Orientierung führt diese Frage zu weit.

Worum soll es in diesem Buch gehen? Das Buch richtet sich an alle Menschen, ob Christen oder nicht, die Interesse daran haben, sich mit der Diskussion der Organspende aus christlicher Sicht – geschrieben aus der Perspektive christlicher Ethik – vertraut zu machen. Es hat Leserinnen und Leser im Blick, die nicht die Zeit haben, sich eigenständig in die fachwissenschaftlichen Details der damit berührten Fragestellungen einzuarbeiten, die aber bereit und willens sind, sich ein informiertes Urteil zu bilden. Dieses Buch soll dazu helfen, eine informierte Entscheidung zu treffen, mehr noch: Es endet mit der Bitte, dies auch tatsächlich zu tun. Wie das geschehen kann, dazu gibt dieses Buch auch ganz praktische Hinweise.

Auf dem Weg dorthin werden wir uns die gesetzlichen Regelungen und die Praxis der Organtransplantation in Deutschland im Vergleich mit anderen Staaten ansehen, die wichtigsten Argumente in der Diskussion um das Hirntodkriterium einordnen und schließlich aus der Perspektive christlicher Ethik die Überzeugungen herausarbeiten, an denen sich eine Entscheidung pro oder contra Organspende orientieren sollte. Dabei soll uns ein beziehungszentriertes Verständnis der Organspende sowie des Menschen selbst leiten. Es soll also nicht die empfängerzentrierte gegen die spenderzentrierte Wahrnehmung der Organspende ausgespielt, sondern es sollen alle beteiligten Akteure in ihren jeweiligen Beziehungen zur Organtransplantation berücksichtigt werden.[3] Ich werde am Ende nicht darüber entscheiden, ob Befürworter oder Gegner der Organspende, Verfechter oder Kritiker des Hirntodkriteriums, das Evangelium besser verstanden haben. Wichtiger ist, Klarheit darüber zu gewinnen, welche Bedeutung das christliche Menschenbild für die Beurteilung der Organspende hat und ob die Bereitschaft zur Organspende als eine Bürgerpflicht verstanden werden sollte, wenn damit doch Menschenleben gerettet werden können.

1. Eine sehr kurze Geschichte der Organspende

Organtransplantationen sind erst seit der zweiten Hälfte des 20. Jahrhunderts medizintechnischer Standard. Es handelt sich also um eine kulturgeschichtlich vergleichsweise junge Praxis. Sie setzt voraus, dass sich das Sterben von Menschen zumeist im Krankenhaus und nicht im häuslichen Umfeld vollzieht. Zudem brauchte es eine operative Möglichkeit, ein Organ entnehmen und es einem anderen Menschen übertragen zu können. Der eigentliche Durchbruch lag nach dem Zweiten Weltkrieg jedoch in der Überwindung der natürlichen Abstoßungsreaktion des Körpers gegenüber einem fremden Organ. Erst die Möglichkeit, diese immunologische Reaktion zu beherrschen, ebnete den Weg dafür, dass Organverpflanzungen seit den 1970er-Jahren zum Standardrepertoire therapeutischer Maßnahmen zählten. Die erste Niere wurde bereits 1954 in Boston verpflanzt,[4] Leber und Lunge wurden erstmalig 1963 übertragen, die erste Bauchspeicheldrüse (Pankreas) 1965. Die erste Herztransplantation wurde 1967 in Südafrika durchgeführt; der Patient verstarb jedoch schon wenige Tage nach der Übertragung. Die schwer zu beherrschende Abstoßungsreaktion des Organismus gegen das fremde Organ blieb jedoch das Grundproblem der Transplantationsmedizin. Erst mit der Einführung des Immunsuppresivums Cyclosporin A – also eines Medikaments zur Verringerung der Aktivität des Immunsystems – Anfang der 1980er-Jahre konnten die Überlebensraten der Organempfänger gesteigert werden. Überlebten von den Patienten, denen zwischen 1966 und 1970 eine Niere eingepflanzt wurde, 45 Prozent die nächsten drei Jahre, so stieg dieser Anteil bei denjenigen, die zwischen 1996 und 2000 eine fremde Niere erhielten, auf 84 Prozent. Allein in Deutschland wurden zwischen 1963 und 2017 knapp 121.000 Organe transplantiert.

Bei einer Organtransplantation werden einem Spender in Deutschland statistisch 3,3 Organe entnommen und transplantiert.[5] Für die Transplantation infrage kommen Niere, Leber, Lunge, Herz, Bauchspeicheldrüse und (seltener) Dünndarm. Daneben ist auch die Übertragung von Teilorganen bzw. Gewebe möglich. Augenhornhaut, Herzklappen, Gehörknöchel, Knochen und Haut können entnommen und transplantiert werden. Infolge von Fortschritten bei der Immununterdrückung besteht inzwischen gute Aussicht auf beachtliche Lebensverlängerung. So beträgt die Funktionsrate des transplantierten Organs nach fünf Jahren beim Herzen etwa 69 Prozent, bei der Lunge 54 Prozent und bei der Bauchspeicheldrüse 66 Prozent.

Zugleich versterben viele Menschen, die auf ein Organ (oder mehrere) warten, bevor sie auf der Warteliste nach oben gerückt sind und ein Spenderorgan für sie gefunden wurde. Angesichts des Spendermangels, wie er nicht nur in Deutschland besteht, richtet sich das Interesse der Forschung auf die Frage, ob es andere Möglichkeiten gibt, Patienten zu einem Organ zu verhelfen. Dabei wird in zwei Richtungen geforscht: Zum einen wird daran gearbeitet herauszufinden, wie ein in seiner Funktion beeinträchtigtes oder ausgefallenes Organ maschinell unterstützt bzw. ersetzt werden kann. Praktisch geschieht dies bereits bei der Dialyse, wobei die von der Niere nicht mehr (bzw. nicht ausreichend) geleistete Blutwäsche von einer außerhalb des Körpers befindlichen Maschine durchgeführt wird. Ein anderes Beispiel ist die zumindest vorübergehende Unterstützung einer fehlentwickelten bzw. akut beeinträchtigten Lunge, deren Aufgaben heute bereits durch die maschinelle Anreicherung des Blutes mit Sauerstoff (extrakorporale Membranoxygenation) übernommen werden kann. Die Frage lautet also, ob Funktionsausfälle von Organen auf maschinellem Wege überbrückt werden können, indem Maschinen ihre Aufgaben übernehmen.

Einen anderen Weg beschreitet die Forschung, indem sie nach Möglichkeiten sucht, tierische Organe auf den Menschen zu verpflanzen (Xenotransplantation). Für Aufsehen sorgte 1984 das Baby namens Fae, das mit einem schweren Herzfehler geboren wurde. In einer US-amerikanischen Klinik wurde ihr das Herz eines Pavians eingepflanzt, doch starb Fae nur kurze Zeit später. Ihre Geschichte löste eine weltweite Diskussion um Xenotransplantationen aus.[6] In dieser Diskussion geht es neben Fragen der medizinischen Umsetzbarkeit um die grundsätzliche Frage, ob es ethisch vertretbar ist, tierische Organe für den Menschen zu verwenden. Weil es dagegen in der Bevölkerung erhebliche Vorbehalte zu geben scheint, konzentriert sich die öffentliche Diskussion jedoch stärker auf die Frage, wie die Zahl der *menschlichen* Organspender erhöht werden kann.

Doch wie läuft eine Organspende in Deutschland überhaupt ab? Welche Rahmenbedingungen bestehen für sie und welche Konsequenzen haben die Abläufe für die Angehörigen des Verstorbenen? Wir richten den Blick damit zunächst auf die Beziehung des Organspenders und seiner Angehörigen zur Praxis der Organspende.

2. Der Ablauf der Organtransplantation

In Deutschland ist die Spende von Organen für Transplantationszwecke im Transplantationsgesetz vom 5.11.1997 geregelt. Danach ist die Entnahme von Organen bei toten Spendern nur zulässig, wenn zum einen zuvor der Hirntod des Patienten festgestellt wurde und zum anderen eine Einwilligung zur Organspende bzw. die Zustimmung der Angehörigen dazu vorliegt. Diese ist erforderlich, wenn der Wille des Verstorbenen nicht dokumentiert ist. Die Feststellung des Hirntods erfolgt in einem Verfahren, das für Deutschland durch die Richtlinien der Bundesärztekammer geregelt ist (letztmalig fortgeschrieben 2015).[7] Voraussetzung für die Feststellung des Hirntods sind eine akute schwere Hirnschädigung und der Ausschluss bestimmter Faktoren (z. B. die

Einnahme von Medikamenten, die die Hirntoddiagnostik verzerren können).[8]

Die schwere Hirnschädigung wird an der Bewusstlosigkeit, fehlenden Reflexen des Hirnstamms und dem Atemstillstand festgemacht. Um den Hirntod von anderen Bewusstseinsstörungen abzugrenzen, müssen eine Reihe von Untersuchungen vorgenommen werden, in denen das Ausbleiben von Reflexen sowie Reaktionen auf Schmerzreize überprüft werden. Zu den bei einem Hirntoten (im Unterschied zum nur Bewusstlosen) fehlenden Reflexen zählen:

» „Pupillenreflex: Bei Gesunden sind normalerweise beide Pupillen gleich weit. Sie verengen sich bei Lichteinfall. Bei hirntoten Patienten fehlt dieser Reflex, die Pupillen reagieren nicht mehr auf Lichteinfall.
» Puppenkopf-Phänomen (okulozephaler Reflex): Ist ein Patient bewusstlos, aber nicht hirntot, reagiert er auf das schnelle Drehen oder Kippen seines Kopfes mit einer langsamen Gegenbewegung der Augen. Bei einem Hirntoten bleiben die Augen während dieses Tests ohne Reaktion in ihrer Ausgangsstellung.
» Hornhautreflex: Berührt man die äußerste Augenschicht (Hornhaut) des Auges mit einem Fremdkörper, schließen sich die Augen reflektorisch. Prüft ein Arzt diese Reaktion bei einem Hirntoten mit einem Wattestäbchen, erfolgt keine Reaktion.
» Schmerzreaktionen im Gesicht: Auf Schmerzreize im Gesicht reagieren selbst Patienten, die im tiefen Koma liegen, mit erkennbaren Muskelzuckungen und Abwehrreaktionen der Kopf- und Halsmuskulatur. Bei Hirntoten bleiben diese Reflexe aus.
» Würge- und Hustenreflex (Tracheal- und Pharyngeal-

reflex): Berührungen der hinteren Rachenwand lösen bei Gesunden und Bewusstlosen einen Würgereflex aus. Hirntote zeigen diese Reaktion nicht."[9]

Deuten alle fünf Reflexprüfungen auf einen Hirntod hin, ist als Nächstes die Spontanatmung zu überprüfen. Sie setzt im lebenden Organismus ein, sobald der Kohlendioxingehalt im Blut durch den Verbrauch des Sauerstoffs ansteigt. Setzt der Atemreflex beim Patienten nicht ein, ist von einem vollständigen Ausfall des Atemzentrums auszugehen. Schließlich ist die Irreversibilität, also Unumkehrbarkeit, der Hirnschädigung festzustellen. Dazu ist ein zeitversetzter zweiter Untersuchungsgang durchzuführen, der – je nach Art der Hirnschädigung und Alter des Patienten – nach 12, 24 oder 72 Stunden angesetzt wird. Bestätigt sich der Ausfall des Gehirns, stellen zwei Ärzte unabhängig voneinander den klinischen Hirntod fest. Dabei muss es sich um zwei erfahrene Fachärzte handeln, die nicht an der Organentnahme bzw. -transplantation mitwirken dürfen, und von denen einer ein Neurologe oder Neurochirurg zu sein hat. Das Ganzhirntod-Kriterium bedeutet dabei organisch den irreversiblen Ausfall von Großhirn, Kleinhirn und Hirnstamm.

Der Feststellung des Hirntods geht in der Regel eine Phase der intensivmedizinischen Behandlung voraus, handelt es sich doch um schwerstkranke Patienten. Für diese Behandlung ist das Ziel der Erhaltung des Lebens des Kranken maßgeblich, der Arzt hat also seinem Heilauftrag zu folgen und darf dem Patienten nicht schaden. Im Rahmen der intensivmedizinischen Behandlung kann der Arzt an den Punkt gelangen, an dem er feststellt, dass der Patient an seiner Erkrankung sterben wird und dass eine Fortführung der Behandlung nicht länger in dessen Interesse ist. Kommt der Arzt zu dem Ergebnis, dass eine Weiterbehandlung medizinisch nicht angezeigt ist oder liegt eine Patientenverfügung vor, die in aussichtsloser Lage den Verzicht auf Weiterbehandlung bestimmt, dann bedeutet dies, dass die intensivmedizinischen Maßnahmen einzustellen sind.

Ist der Patient als potenzieller Organspender identifiziert, dann müssen jedoch bestimmte intensivmedizinische Maßnahmen, wie z. B. die für die Herztätigkeit und Durchblutung der Organe erforderliche künstliche Beatmung, weitergeführt werden, um die Organe transplantationsfähig zu erhalten. Man spricht dabei von „organprotektiven" Maßnahmen. Außerdem muss sichergestellt sein, dass der Körper nicht unterkühlt ist oder unter Einwirkung von Giften steht. Die für eine Organspende zwingend verlangte Hirntoddiagnostik macht es zugleich erforderlich, dass Schmerz- und Beruhigungsmittel sowie Muskelrelaxien, also Medikamente zur Entspannung der Muskulatur, im Körper des potenziellen Spenders abgebaut sein müssen. Nur unter diesen Bedingungen lässt sich zuverlässig feststellen, ob das Gehirn im nicht schmerzunterdrückten Zustand auf Schmerzreize reagiert oder nicht. Wir werden auf diesen kritischen Punkt, an dem es um die Frage des Abbruchs oder der organprotektiven Fortführung intensivmedizinischer Maßnahmen geht, unter dem Stichwort „Patientenverfügung" noch einmal zurückkommen.

Nach erfolgter Hirntodfeststellung schließen sich weitere Untersuchungen an, mit denen festgestellt werden soll, ob der „Hirntote" auch tatsächlich als Spender infrage kommt, denn es dürfen nur gesunde Organe oder Gewebe übertragen werden. Heute handelt es sich bei den potenziellen Organspendern nur zum geringeren Teil um Unfallopfer, während dem Hirntod überwiegend eine akute Hirnschädigung (Schlaganfall) oder atraumatische Zustände wie Hirnblutungen, Hirntumore, Hirnentzündungen vorangehen. Kommt der Schwerstkranke für eine Organtransplantation infrage, erfolgt eine Meldung an den zuständigen Koordinator der Deutschen Stiftung Organtransplantation (DOS). Die nächsten Angehörigen werden zum Gespräch gebeten, um die (ggf. in Form eines Organspenderpasses dokumentierte) Einwilligung bzw. – falls nicht dokumentiert – den mutmaßlichen Willen des Hirntoten hinsichtlich einer Organspende zu erkunden. Die nächsten Angehörigen sind gemäß § 1a Nr. 5 TPG – in dieser Rangfolge – der Ehegatte oder eingetragene Lebenspartner, volljährige Kinder, Eltern bzw. ggf. Sorgeberechtigte, volljährige Geschwister und Großeltern. Liegt die Einwilligung zur Organspende (bzw. die Zustimmung der Angehörigen) vor, übermittelt der Koordinator detaillierte Spenderdaten an die Vermittlungsstelle Eurotransplant, die nach geeigneten Empfängern sucht. Entnommen werden dürfen nur die Organe, für die sich geeignete Empfänger auf den Wartelisten finden.

Der Hirntote wird währenddessen für die operative Organentnahme vorbereitet. Die Organentnahme erfolgt zeitnah, zumeist innerhalb von 48 Stunden nach Hirntodfeststellung. Wurde mittels Hirntoddiagnostik festgestellt, dass sich im Gehirn keine neuronale Aktivität mehr zeigt, wird medizinisch davon ausgegangen, dass mit dem Bewusstsein auch das Schmerzempfinden erloschen ist. Gleichwohl muss damit gerechnet werden, dass es noch über das Rückenmark geleitete motorische Reflexe gibt, die wie bewusste Bewegungen des Hirntoten erscheinen. Die Entnahme der Organe kann zudem zu einem Anstieg des Blutdrucks und der Herzfrequenz führen, die jedoch – so die medizinisch vorherrschende Überzeugung – nicht aus einer Schmerzempfindung resultieren, sondern durch Reflexe des Rückenmarks verursacht sind. Wem diese Vorstellung als potenziellem Spender Unbehagen bereitet, den weist der Deutsche Ethikrat auf Folgendes hin: „Auch wenn es eine medizinische Indikation für eine Schmerztherapie nicht gibt, kann ein Organspender eine entsprechende Bedingung formulieren und seine Zustimmung zur Organentnahme davon abhängig machen."[10] Es ist also möglich, im Organspendeausweis oder in der Patientenverfügung darauf zu bestehen, dass die Organentnahme unter Narkose durchgeführt wird. Nach der Organentnahme werden die Wundhöhlen verschlossen. Der Leichnam ist gemäß ärztlichem Ethos in einen würdigen Zustand zu bringen, bevor er in den Verabschiedungsraum überführt wird, wo die Angehörigen Abschied nehmen können.

Die Zuteilung der Spenderorgane erfolgt für acht europäische Länder über die Organisation Eurotransplant. Zur Gruppe dieser Staaten gehören Belgien, Deutschland, Kroatien, Luxemburg, Niederlande, Österreich, Ungarn und Slowenien.[11] Für die Zuteilung der Organe werden bei Eurotransplant verschiedene Merkmale einbezogen, wie z. B. die Blutgruppe und der Gewebetyp. Ein komplexes Computerverfahren ermöglicht eine hohe Passgenauigkeit von Spenderorgan und Empfänger. Pro Jahr vermittelt Eurotransplant ca. 7000 Spenderorgane. Die Zuteilung der Spenderorgane erfolgt nach vier Prinzipien. Maßgeblich ist erstens der erwartete Erfolg nach der Transplantation (prognostiziert durch den Abgleich der individuellen Merkmale von Spender und Empfänger), zweitens die durch Experten festgelegte Dringlichkeit, drittens die bereits abgeleistete Wartezeit und viertens die nationale Organaustauschbilanz. Was die Bilanz von Organspendern und Organempfängern angeht, bestehen zwischen den beteiligten Staaten erhebliche Unterschiede, die mit den jeweiligen gesetzlichen Regelungen (auf die wir noch eingehen werden), der Ausstattung der Kliniken sowie mit kulturellen Prägungen zusammenhängen. Insgesamt übersteigt die Zahl der Menschen, die auf ein Organ warten, dauerhaft die Zahl der Organspender. 15.000 Patienten stehen auf den Wartelisten von Eurotransplant.

Die Gruppe der acht genannten Staaten einschließlich Deutschlands hat sich somit auf die Einrichtung einer nichtkommerziellen Organvermittlung verständigt. Das bedeutet, dass das wirtschaftliche Vermögen des potenziellen Empfängers für die Vermittlung eines passenden Organs keine Rolle spielt und der Organspender bzw. die erbberechtigten Angehörigen keine Vergütung erhalten.

Umstände und Durchführung der Organspende sind in einer beziehungszentrierten Analyse des Geschehens vor allem für den (potenziellen) Spender und dessen Angehörige von Interesse. Für Organspender stellen sich Fragen wie diese: Was genau passiert mit mir? Ist es sicher, dass ich keine Schmerzen erleiden werde, auch wenn die Schmerzmittel im Interesse der Hirntoddiagnostik abgesetzt werden? Wird mein dokumentierter Wille respektiert werden, insbesondere dann, wenn ich nur der Entnahme bestimmter Organe zugestimmt habe? Die Antworten auf diese und ähnliche Fragen werden für einen potenziellen Organspender zufriedenstellend ausfallen, wenn er das Vertrauen haben kann, dass die Organtransplantation nach den höchsten Standards der Medizin ausgeführt und sein erklärter Wille in allen Phasen der Durchführung respektiert wird.

Ebenso wichtig ist es zu verstehen, was die Organentnahme für die Angehörigen bedeutet. In der einseitig empfängerzentrierten Werbung für Organspenden wird allerdings häufig verschwiegen, dass die Organentnahme einen tiefen Einschnitt in die Sterbebegleitung durch die Angehörigen darstellt. Die Einwilligung in die Organspende verlangt den Angehörigen – und vorab darum wissend auch dem Spender – ein Opfer ab, weil die Umstände der Transplantation ein ruhiges und störungsfreies Abschiednehmen unmöglich machen. Der Medizinethiker Giovanni Maio erinnert daran, dass die Organspende im Blick auf den Betroffenen und seine Angehörigen konkret bedeutet,

> dass der Betroffene auf einen friedlichen Abschluss seines Sterbens verzichten muss, dass er darauf verzichten muss, dass seine Angehörigen in einer Atmosphäre der Ruhe von ihm Abschied nehmen, dass der Betroffene am Ende an Maschinen angeschlossen, beatmet und nicht in Ruhe gelassen wird, dass der Betroffene am Ende für kurze Zeit als Ressource für verwertbare Organe gesehen wird und nicht als ein unverfügbares Individuum, dass der Betroffene am Ende Medikamente bekommt, beatmet und gepflegt wird, und zwar nicht, weil dies gut für ihn ist, sondern weil nur so seine Organe verwertet werden können.[12]

Über diese Seite des Transplantationsgeschehens wird wenig gesprochen, weil die Befürchtung besteht, dass das Wissen um die Umstände der Transplantation Menschen von der Einwilligung in die Organspende abhalten könnte. Tatsächlich aber kommt die umfassende Aufklärung auch über diesen Aspekt letztlich der Transplantationsmedizin zugute: Erstens stärkt umfassende Aufklärung das Vertrauen in das System, während dieses Vertrauen untergraben wird, wenn durch einseitige Darstellungen wichtige Aspekte ausgeblendet werden. Und zweitens sollte die Bereitschaft nicht unterschätzt werden, aus Motiven, die sich aus dem Christentum, dem Humanismus oder anderen Quellen speisen können, das hier benannte Opfer zu erbringen, um anderen Menschen ein Weiterleben zu ermöglichen. Dies dürfte umso leichter fallen, je gewisser es ist, dass die Angehörigen in dieser schwierigen Situation, die durch die Umstände der Organspende bzw. allein die Frage des Arztes danach noch zusätzlich erschwert wird, gut begleitet bzw. betreut werden.

In diesem Zusammenhang stellt sich die Frage, wie die nächsten Angehörigen (z. B. der Ehepartner oder die erwachsenen Kinder) damit umgehen sollen, wenn ihre persönlichen Überzeugungen von denen des Verstorbenen abweichen, dieser z. B. seine Bereitschaft zur Organspende dokumentiert hat, die nächsten Angehörigen diese Bereitschaft aber (für sich) nicht teilen können. Das deutsche Transplantationsgesetz ist dahingehend eindeutig, dass Ärzte und Angehörige rechtlich an den dokumentierten oder anderweitig bekundeten Willen des Verstorbenen gebunden sind. Das Recht folgt hier dem Grundsatz der Selbstbestimmung und sieht in der Missachtung des geäußerten Willens eine übergriffige Fremdbestimmung. In der Praxis tun Krankenhäuser allerdings gut daran, den Willen des Verstorbenen nicht um jeden Preis gegen den – rechtlich wirkungslosen – Einspruch der nächsten Angehörigen durchzusetzen. Wo Krankenhäuser sensibel auf die Befindlichkeit der Angehörigen reagieren, wird stärker von der *Beziehung* von potenziellem Spender und Angehörigen gedacht: Letztere sind es, die mit dem Verlust eines ihnen nahestehenden Menschen umgehen müssen, nicht der Arzt. Dass rechtliche und moralische Bewertungen hier in Spannung zueinander treten können, unterstreicht, was später im Buch noch deutlicher herausgearbeitet werden soll: wie wichtig es nämlich ist, die eigene Entscheidung im Gespräch mit den nächsten Angehörigen zu diskutieren und sie ihnen plausibel zu machen.

Eine zusätzliche Last ist den Angehörigen aufgeladen, wenn der Wille des Betroffenen nicht bekannt ist (weil z. B. kein Organspendeausweis vorliegt) und nun auf Bitten des Arztes der mutmaßliche Wille des verstorbenen Angehörigen erkundet werden muss. Die Angehörigen sind dann gehalten, weltanschauliche bzw. religiöse Überzeugungen, Äußerungen zu ähnlich gelagerten Fragestellungen usw. im Hinblick auf eine mögliche Bereitschaft zur Organspende zu durchdenken. In der Phase des Schocks bzw. der Trauer ist das zumeist eine Überforderung. Das bedeutet, dass über die Einwilligung oder Nichteinwilligung in eine Organspende zu Lebzeiten gesprochen werden und dies am besten in einem Organspendeausweis bzw. einer Patientenverfügung festgehalten werden sollte.

Damit sind zwei wichtige Dokumente genannt, die im Blick auf die Organspende von grundlegender Bedeutung sind. Problematisch ist, dass viele Menschen, die beide Formulare ausfüllen, unwissentlich widersprüchliche Willensbekundungen abgeben, was in einer Phase, in der jede Stunde zählt, zusätzliche Probleme der Interpretation schafft. Daher wollen wir uns in beziehungszentrierter Perspektive der Frage zuwenden, was beim Ausfüllen von Organspendeausweis und Patientenverfügung zu beachten ist.

3. Organspendeausweis und Patientenverfügung

Wir haben gesehen, dass bei der Behandlung eines schwersthirngeschädigten Patienten der Arzt an den Punkt kommen kann, an dem er nichts mehr für den Patienten tun kann und deshalb von einer Fortsetzung lebenserhaltender Maßnahmen abzusehen ist. Um das Leiden des Patienten zu verringern, werden nun palliativmedizinische, also auf Schmerzbehandlung zielende Maßnahmen ergriffen. Das bedeutet, dass dem Sterben sein natürlicher Verlauf gelassen wird.

Ist ein solcher Patient als potenzieller Organspender identifiziert, wird es jedoch erforderlich sein, lebenserhaltende Maßnahmen wie die künstliche Beatmung aufrechtzuerhalten, um die für eine Transplantation infrage kommenden Organe zu schützen. Zugleich ist es für die Hirntoddiagnostik nötig, die Schmerzmittel abzusetzen, weil sich nur so feststellen lässt, ob das Gehirn im nicht schmerzunterdrückten Zustand auf Schmerzreize reagiert oder nicht. Die Einwilligung in die Organspende schließt die Zustimmung ein, dass dies beides – Fortführung lebenserhaltender Maßnahmen und Einstellen der Schmerztherapie – erfolgt. Allerdings kann eine ebenfalls abgefasste Patientenverfügung dem entgegenstehen.

Ein Beispiel soll dies verdeutlichen:[13] Ein Patient wird bewusstlos ins Krankenhaus eingeliefert und es wird eine schwere Schädigung des Gehirns infolge einer Hirnblutung festgestellt. Nach Einleitung der Intensivtherapie und einer näheren diagnostischen Klärung der Verhältnisse gelangen die behandelnden Ärzte zu der Einsicht, dass eine weitere Behandlung aussichtslos ist. Der Betroffene ist (noch) nicht hirntot, doch gibt es auch keine Indikation zur Weiterbehandlung. Nach Rücksprache mit den Angehörigen dürfte in der Mehrzahl solcher Fälle die künstliche Beatmung eingestellt werden und weitere therapeutische Maßnahmen dürften unterbleiben, dem natürlichen Sterbeprozess würde also sein Lauf gelassen.

Die Therapiebegrenzung entspricht nicht nur einer humanen und auch christlichen medizinischen Kultur, sie kann auch durch die Bestimmungen geboten sein, die der Betroffene vorab in Form einer Patientenverfügung getroffen hat. In der neuesten Auflage der *Christlichen Patientenvorsorge* lautet die diesbezügliche Formulierung in „Teil B: Bestimmungen für meine medizinische Behandlung“:

> Für den Fall, dass ich meinen Willen nicht mehr bilden oder äußern kann und ich mich entweder aller Wahrscheinlichkeit nach unabwendbar im unmittelbaren Sterbeprozess oder im Endstadium einer unheilbaren, tödlich verlaufenden Krankheit befinde, verfüge ich durch Ankreuzen Folgendes:
>
> [ ] Ärztliche Begleitung und Behandlung sowie sorgsame Pflege sollen in diesen Fällen auf die Linderung von Beschwerden, wie z. B. Schmerzen, Unruhe, Angst, Atemnot oder Übelkeit, gerichtet sein, selbst wenn durch die notwendigen Maßnahmen eine Lebensverkürzung nicht auszuschließen ist.[14]

Nun wird bei der Patientenverfügung ein Organspendeausweis gefunden, was die behandelnden Ärzte vor ein Dilemma stellt: Um die für eine Organtransplantation erforderliche Hirntoddiagnostik durchführen zu können, müssen Schmerz- und Beruhigungsmittel im Körper abgebaut sein, die Schmerzmittelbehandlung müsste also eingestellt werden, bevor der (Hirn-)Tod des Patienten festgestellt ist, was nicht im Interesse des Patienten ist.[15] Zugespitzt formuliert lautet die Frage: „Was zählt mehr? Die Fürsorge für einen komatösen Patienten im Todeskampf oder eine reibungslose, zeitnahe Organentnahme zugunsten des Organempfängers?“[16] Weniger zugespitzt gefragt: An welchem Punkt kann der Arzt es verantworten, die Schmerzmittel im Blick auf eine Hirntoddiagnostik abzusetzen, da erst mittels erfolgter Diagnostik festgestellt werden kann, dass infolge des vollständigen Gehirnversagenss – sehr wahrscheinlich – keine Schmerzimpulse mehr weitergeleitet werden? Rechtlich befindet sich der Arzt in einem Graubereich, da das Transplantationsgesetz keine Bestimmungen dazu trifft, „welche medizinischen Maßnahmen unter welchen Umständen beim potenziellen Organspender nach Therapieabbruch bereits vor der Feststellung des Hirntodes (also gegebenenfalls beim Sterbenden) durchgeführt werden dürfen".[17] Wer sowohl durch den entsprechenden Ausweis die Bereitschaft zur Organspende erklärt *und* eine Patientenverfügung abfasst, muss für die Phase nach dem Einstellen der therapeutischen medizinischen Behandlung erklären, ob bzw. unter welchen Bedingungen auch die Schmerzbehandlung eingestellt werden darf. Denn weil dies nicht im Interesse des Patienten wäre, sondern zum Zweck der rein fremdnützigen Organspende geschähe, muss der Betroffene zuvor darin eingewilligt haben.

Viele Menschen haben den Wunsch, in medizinisch aussichtsloser Lage nicht länger an Apparate angeschlossen zu sein und nur noch palliativ, also schmerztherapeutisch behandelt zu werden, um möglichst sanft in den Tod hinüberzugleiten. Ihnen muss aber klar sein, dass sie bei diesem Szenario als Organspender ausscheiden, weil die zum Schutz der Organe erforderlichen Maßnahmen den Einsatz der Intensivmedizin bis zur tatsächlichen Organentnahme erforderlich machen, während die Hirntoddiagnostik zugleich das Absetzen der Schmerzmittel voraussetzt.

Wer also die oben zitierte Bestimmung in seiner Patientenvollmacht trifft, sollte nicht gleichzeitig Organspender sein wollen, weil nicht beides zugleich realisierbar ist – es sei denn, er ergänzt eine Ausnahme für den Zweck der Organspende. So stellt das Formular in der *Christlichen Patientenvorsorge* in Rechnung, dass ein potenzieller Organspender lebenserhaltende Maßnahmen ablehnt, und bietet ihm folgende Zusatzoption an:

> Ich besitze einen Organspendeausweis und habe darin meine Bereitschaft zur Spende meiner Organe und Gewebe erklärt:
>
> [ ] Es ist mir bewusst, dass Organe nur nach Feststellung des Hirntodes bei aufrechterhaltenem Kreislauf entnommen werden können. Deshalb gestatte ich ausnahmsweise für den Fall, dass bei mir eine Organspende medizinisch infrage kommt, die kurzfristige (Stunden bis höchstens wenige Tage umfassende) Durchführung intensivmedizinischer Maßnahmen zur Bestimmung des Hirntodes nach den Richtlinien der Bundesärztekammer und zur anschließenden Entnahme der Organe.

Hier wird mit der möglichen Organspende ein Ausnahmesachverhalt benannt, der die oben gegebene Vorausverfügung – wenn auch nur „ausnahmsweise" – aufhebt. Doch die wenigsten Patientenverfügungen sind so eindeutig abgefasst. Das zeigt eine Auswertung von Daten durch eine Forschergruppe, die auf die von der Stiftung Organspende erhobenen Daten zu den 2016 in ostdeutschen Krankenhäusern gemeldeten 7889 Todesfälle zurückgreifen konnte. Nach Abzug aller Todesfälle, bei denen aus unterschiedlichen Gründen eine Organspende nicht in Betracht kam, blieben genau 500 Todesfälle übrig. Von diesen wurde in 232 Fällen, also fast der Hälfte, die für eine Organspende erforderliche Hirntoddiagnostik gar nicht erst begonnen, da eine Patientenverfügung vorlag, die einer intensivmedizinischen Behandlung, wie sie dann nötig wäre, entgegenstand.[18] Das Ergebnis der Studie legt nahe, dass ein großer Teil der Bevölkerung sich nicht darüber im Klaren ist, dass Patientenverfügung und Organspendebereitschaft miteinander kollidieren können, wenn der Widerspruch nicht – wie in dem oben zitierten Formular der christlichen Patientenverfügung – ausdrücklich aufgehoben wird. Es ist daher besonders wichtig sicherzustellen, dass der dokumentierte Wille eindeutig ist. Das entlastet Ärzte und Angehörige von Interpretationsbemühungen in einer ohnehin sehr kritischen Behandlungs- bzw. Trauerphase.

4. Die Problematik der Todesfeststellung: das Hirntodkriterium

Der medizinischen Praxis der Organverpflanzung liegt, wie wir gesehen haben, das Hirntodkriterium zugrunde. Die Diskussion um das Hirntodkriterium ist in neuerer Zeit durch eine Stellungnahme aus dem Jahr 2008 neu befeuert worden. Dabei handelt es sich um einen Text, der von einem Bioethik-Komitee des US-amerikanischen Präsidenten (damals George W. Bush) erarbeitet worden war.[19] Die Stellungnahme kommt zwar mehrheitlich zur Bestätigung des Hirntodkriteriums, gibt aber auch entgegenstehenden Auffassungen Raum, die sich nicht zuletzt in mehreren Sondervoten von Mitgliedern des Komitees niederschlagen.

In der Diskussion um das Hirntodkriterium geht es im Kern um widerstreitende Vorstellungen vom Lebendigsein des Menschen. Befürworter des Hirntodkriteriums gehen von einem zerebralen Verständnis (Zerebrum = Gehirn) der Person aus. Danach stirbt der Mensch, wenn mit dem unumkehrbaren Ausfall des Gehirns die Einheit des Organismus in seiner Ganzheit zerbrochen ist, seine Organe nicht mehr ihre lebenswichtigen Funktionen erfüllen. Kritiker folgen dagegen einem organismischen Verständnis der Person. Hier ist ein Mensch am Leben, solange der Organismus – Gehirnfunktion hin oder her – Lebens*anzeichen* erkennen lässt, was beim intensivmedizinisch behandelten Hirntoten offenkundig der Fall ist. Beide Überzeugungen sollen umrissen werden, soweit das für die Urteilsbildung in Sachen Organspende von Bedeutung ist.

Herkunft und Bedeutung des Hirntodkriteriums

1959 prägten die französischen Mediziner Mollaret und Goulon den Begriff des *coma dépassé* für einen Zustand „unterhalb des Komas“: Bei künstlicher Beatmung lässt das Gehirn des Patienten unumkehrbar keinerlei Lebensäußerungen mehr erkennen. Vorausgesetzt ist hier bereits, dass der Patient nicht zu Hause, sondern in einer Klinik verstirbt. Im Unterschied zum Wachkoma (apallisches Syndrom) galten ihnen als Kennzeichen des *coma dépassé* der Ausfall der Hirnstammreflexe und der Spontanatmung sowie das Vorliegen eines tiefen Komas. Eine Rückkehr ins Leben ist ausgeschlossen, der Heilungsauftrag des Arztes hat sein Ende gefunden. Mollaret und Goulon identifizierten diesen Zustand allerdings nicht mit dem Tod des Menschen. Vielmehr handelte es sich für sie um einen Patienten, dessen irreversiblem Sterbeprozess durch Therapiebegrenzung sein natürlicher

Verlauf gelassen wird. Insofern könnte man beim *coma dépassé* von einem unumkehrbar zum Tod führenden Hirninfarkt sprechen. Bei Vorliegen des *coma dépassé* konnte der behandelnde Arzt die lebenserhaltenen Apparate abschalten, ohne dass ihm der Vorwurf drohte, den Patienten getötet zu haben. Dieser starb an seiner Erkrankung, nicht am Abschalten der Geräte.

Die Gleichsetzung von Hirntod und Tod des Menschen erfolgte erst später, nämlich 1968 im Bericht eines von der Harvard University eingesetzten Ad-hoc-Komitees, das auch explizit den Zusammenhang mit der Organtransplantation herstellte. Das Komitee nennt zwei Gründe, die es erforderlich machten, das irreversible Koma als Todeskriterium zu bestimmen. Erstens verweist der Bericht auf die gewachsenen Möglichkeiten der Intensivmedizin, bei deren Einsatz es dazu komme, dass bei Patienten mit irreversibler Hirnschädigung Herz-Kreislauffunktion und Atmung künstlich aufrechterhalten würden. Das aber sei nicht gerechtfertigt, da dieser Zustand eine große Belastung für die komatösen Patienten selbst, für ihre Angehörigen, für die Kliniken sowie für solche Patienten wäre, die dringend ein Krankenhausbett bräuchten – das aber nun mit einem irreversibel komatösen Patienten belegt sei. Der Text gibt damit einer Logik der Ökonomie Ausdruck, in der Leben gegen Leben aufgerechnet wird. Zweitens, so der Bericht weiter, könnten überholte Kriterien zur Todesbestimmung zu Kontroversen im Blick auf die Möglichkeit der Organentnahme für Transplantationen führen.[20]

Die neue Todesdefinition sollte einerseits Klarheit schaffen, denn wer bei einem irreversibel komatösen Patienten die Beatmung beendete, stand im Verdacht, „eine Tötung zu praktizieren, während dies als Folge der Neudefinition nicht länger der Fall sei".[21] Die mit dem Bericht des Harvard-Komitees erfolgte Gleichsetzung des Hirntods mit dem Tod des Menschen machte es zugleich möglich, davon zu sprechen, dass die Organe *toten* Menschen entnommen werden. Anders gesagt: Menschen, die bis dato als *Sterbende* und damit als noch Lebende angesehen wurden, galten von da an als *(klinisch) tot.* Die Definition des Harvard-Komitees setzte sich innerhalb weniger Jahre in den Staaten der (westlichen) Welt durch. Entsprechend definiert die Bundesärztekammer heute den Hirntod als den „Zustand des irreversiblen Erloschenseins der Gesamtfunktion des Großhirns, des Kleinhirns und des Hirnstamms bei einer durch kontrollierte Beatmung noch aufrechterhaltenen Herz-Kreislauffunktion".[22] Die Praxis der Organverpflanzung setzt dieses heute im medizinischen Bereich übliche Verständnis vom Hirntod voraus. Doch ist das Hirntodkriterium seit einigen Jahren wieder neu umstritten, weshalb wir uns die Pro- und Contra-Argumente im Folgenden ansehen.

Pro Hirntodkriterium

Befürworter des Hirntodkriteriums sind zumeist um eine wichtige Präzisierung bemüht: Wenn nach den Kriterien der Hirntoddiagnostik sämtliche Funktionen des Gehirns erloschen sind, dann berechtigt dies nach Auffassung der Befürworter zu der Annahme, dass der Mensch tot ist. Damit aber sei keineswegs gemeint, heißt es erläuternd, „dass der Tod dieses Organs der Tod des Menschen ist, sondern nur, dass er diesen Tod des Menschen indiziert",[23] also ihn sicher *anzeigt.* Was dieses Todeskriterium betrifft, machen Wissenschaftler wie z. B. der römisch-katholische Moraltheologe

Eberhard Schockenhoff geltend, dass die personale Identität des Menschen unabdingbar an sein Gehirn gebunden ist. Dem Gehirn kommt insofern als Zentralorgan im Körper eine Sonderstellung zu. Denn während sich die spezifischen Funktionen anderer Organe vorübergehend und zum Teil sogar dauerhaft mit technischer Unterstützung aufrechterhalten bzw. ersetzen ließen, ohne die personale Identität eines Menschen zu beeinträchtigen, sei das bei den Gehirnfunktionen nicht möglich: Konsequenz einer – technisch nicht möglichen – Gehirnverpflanzung wäre eine andere Person. Das Gehirn ist für ihn somit diejenige Instanz, „welche eine Integration des Organismus zu einer leib-seelischen Ganzheit gewährleistet".[24] Nur weil das Gehirn funktioniert, leisten alle Organe ihren Beitrag zum Erhalt des Gesamtorganismus, und nur dank des Gehirns weiß ein Mensch um sich selbst als eine Person, die eine Geschichte (Vergangenheit) und Pläne (Zukunft) hat. Der Ausfall des Gehirns setze all dem ein Ende.

Das bedeutet: Werden bei hirntoten Patienten durch intensivmedizinische Apparate Vitalfunktionen wie Atmung, Herzschlag und Stoffwechsel aufrechterhalten, so handle es sich dabei nicht länger um eine selbst gesteuerte Eigentätigkeit des Organismus, sondern um „Teilzustände", die „durch maschinelle Intervention von außen induziert" sind.[25] Was Beobachter (Angehörige, Pflegekräfte) bei einer hirntoten Person als Lebensanzeichen wahrnehmen, sind nach Schockenhoff unter intensivmedizinischer Behandlung auftretende isolierte biologische Aktivitäten, die jedoch nicht Ausdruck der Eigentätigkeit des Organismus sind. Insofern sei zu unterscheiden „zwischen dem Tod als Zusammenbruch der Einheit und Ganzheit des Organismus und dem Erlöschen sämtlicher Vitalfunktionen in allen Teilen des Körpers".[26] Beides fällt im klinischen Kontext nicht unbedingt zusammen und auch nur unter klinischen Bedingungen ist diese Unterscheidung feststellbar. Das Erlöschen sämtlicher Vitalfunktionen in allen Teilen des Körpers nennen Mediziner auch den „biologischen Tod". Schockenhoff vermeidet diesen Ausdruck, weil für ihn der Hirntote bereits wirklich tot ist. Einen weiteren „Tod" nach dem Hirntod kann es nicht geben.

Als Theologe legt Schockenhoff Wert darauf festzuhalten, dass mit der Hirntoddiagnostik lediglich der Abschluss des Sterbeprozesses festgestellt wird. Das Ereignis des Todes selbst, verstanden als Ausgang des Menschen aus seiner irdischen Daseinsweise (und christlich als Übergang in eine neue Daseinsweise), könne nicht beobachtet werden: „Als Ende der irdischen Existenz des Menschen ist er [der Tod] unter dem beobachtbaren Vorgang des Sterbens verborgen, in dem die Vitalfunktionen der einzelnen Organe nach und nach erlöschen."[27] Diese Unterscheidung sei wichtig, weil der Mensch in christlicher Sicht mehr als lediglich die Summe seiner organischen Funktionen bzw. physiologischen Prozesse ist, insofern er eine Seele habe, die es ihm ermögliche, sich durch alle Veränderungen des Lebens hindurch als dieselbe Person zu erfahren. Das zeige sich schon daran, dass der Organismus durch das Sterben alter und Bilden neuer Zellen „laufend zerfällt und innerhalb der biologischen Lebenskurve eines Menschen mehrfach erneuert wird", während doch zugleich „seine personale Identität über den Wechsel dieser körperlichen Austauschprozesse hinweg erhalten" bleibe.[28]

Person ist der Mensch somit als dasjenige Gattungswesen, das sich als Akteur seiner Lebensgeschichte erfährt, ein Wesen, das Versprechen geben und halten, das sich erinnern und das auf die Zukunft hoffen kann. Insofern lässt sich, so Schockenhoff, von der Beobachtung des Sterbeprozesses auch nicht auf den exakten Zeitpunkt des Todes schließen. Es lässt sich lediglich vom Vorhandensein bestimmter Indizien – die das Hirntodkriterium definiert – darauf zurückschließen, dass der Tod eines Menschen *eingetreten ist.* Somit ist der Hirntod dieser Auffassung nach nicht mehr, aber auch nicht weniger als ein sicheres *Anzeichen* für den eingetretenen Tod eines Menschen.[29]

Das Hirntodkriterium wird dabei als ein medizinisches Kriterium zur Todesfeststellung verstanden, nicht als Definition des Todes eines Menschen. Denn was es bedeutet, nicht mehr am Leben, also tot zu sein, das lässt sich mit medizinischen Mitteln allein nicht bestimmen, dazu bedarf es der Perspektive von einem bestimmten Todesverständnis her, das im umfassenden Sinn auch religiöse und kulturelle Aspekte einschließt. Und noch etwas wird hier deutlich: Nach Schockenhoff dürfen Organe nur Toten entnommen werden, nicht jedoch Menschen, die sich in der letzten Phase ihres Sterbens befinden. Damit soll der unbedingte Vorrang des Lebensschutzes vor den fremdnützigen Interessen der Transplantationsmedizin gesichert werden. Dieser Vorrang findet in der „Dead Donor's Rule" seinen Ausdruck, die besagt: Lebenswichtige Organe dürfen grundsätzlich nur nach der den Regeln des medizinischen Standards entsprechenden Todesfeststellung entnommen werden. Eine vorherige Organentnahme wäre als Tötung des Patienten zu verstehen – und zu verurteilen. Doch genau an diesem Punkt setzen (einige) Kritiker des Hirntodkriteriums an: Geht es hier wirklich um Menschen, die tot sind, oder nicht vielmehr um solche, die für tot *erklärt* wurden, ohne es tatsächlich zu sein? Um einer Klärung dieser Frage näherzukommen, wenden wir uns den Argumenten gegen das Hirntodkriterium zu.

Contra Hirntodkriterium

Kritiker des Hirntodkriteriums halten den Hirntod zwar für eine notwendige, jedoch keine hinreichende Bedingung für den Tod eines Menschen. Sie stellen nicht in Abrede, dass mit dem Ausfall von Großhirn, Kleinhirn und Hirnstamm der „mentale Tod" eines Menschen eingetreten ist, lehnen jedoch die Auffassung ab, wonach „ein Mensch mit irreversiblem Hirnversagen auch in organischer Hinsicht schon als tot zu bezeichnen ist".[30] Sie halten es für unbewiesen, dass das Gehirn als die zentrale Steuerungsinstanz des Organismus verstanden werden müsse. Ihrer Auffassung nach basiert der menschliche Organismus nicht auf dem Prinzip der zentralen Steuerung, sondern auf dem der Rückkoppelung und Wechselwirkung. Was ist damit gemeint?

Die Vertreter dieser Sichtweise machen geltend, dass der Organismus sich auf verschiedenen funktionalen Ebenen organisiere (der Ebene der Makromoleküle, sodann der Ebene der Zellen und Gewebe, schließlich der Ebene der Organe), indem diese Ebenen miteinander sowie mit der Umwelt interagierten. Einfacher gesagt, verdanke sich das Funktionieren des Organismus nicht – allein – der Steuerung durch das Gehirn, sondern dem Umstand, dass jedes einzelne Organ seine Funktion im Dienst des gesamten Organismus ausübt. „Das Herz erhält sich dadurch, dass es zur Erhaltung der Leber, der Nieren usw. beiträgt und umgekehrt."[31] Wie in einem Orchester leiste jedes Teil seinen Beitrag zum Ganzen. Zwar wäre der Verlust des Dirigenten (des Gehirns) ein schwerer Einschnitt, die Aufführung wäre damit aber nicht sofort zu Ende, wie sich unter intensivmedizinischen Bedingungen auch zeige. Unter diesen Bedingungen sei der Organismus weiterhin in der Lage, integrierend zu wirken, sonst ließen sich die vielfältigen, auch nach dem irreversiblen Hirnversagen beobachtbaren Funktionen nicht ausüben:

> Das Herz schlägt, Organe werden durchblutet, der Brustkorb hebt und senkt sich beim Atmen, künstliche Ernährung wird assimiliert, die Nieren scheiden aus. Gebrochene Knochen können heilen. Eine Schwangerschaft kann weitergehen. Der Hirntote kann sich im Bett aufrichten und mit den Armen eine Bewegung machen, die einer Umarmung ähnelt. Bei der Explantation [Entnahme] von Organen schnellt der Blutdruck hoch.[32]

Nun lässt sich einwenden, dass es für die Aufrechterhaltung dieser Funktionen erforderlich sei, die Leistung des Gehirns, und dabei insbesondere die Atemstimulation, durch intensivmedizinische Apparate zu ersetzen. Darauf antworten die Kritiker des Hirntodkriteriums, dass sich z. B. die Fähigkeit einer für hirntot erklärten schwangeren Frau, ein Kind auszutragen, nicht überzeugend auf das Funktionieren von ihr äußerlichen Apparaten zurückführen lasse. Vielmehr sei die auch über den Hirnausfall hinaus gegebene Fähigkeit des Organismus zur Integration Voraussetzung dafür, dass sich die intensivmedizinischen Maßnahmen als wirksam erweisen. Ohne die koordinierte Tätigkeit verschiedener Systeme des Organismus wäre dies nicht möglich. Auch mit seiner Umwelt interagiere der intensivmedizinisch-apparativ unterstützte Körper nach Ausfall des Gehirns noch, z. B. wenn das Immunsystem auf infektiöse Erreger reagiere.

Neben diesen philosophischen Einwänden werden Zweifel an der Verlässlichkeit des Hirntodkriteriums geäußert.[33] Dabei lassen sich drei Einwände erkennen: Das erste Argument hebt die begrenzte Aussagekraft der verwendeten medizinischen Tests hervor. So könne selbst ein EEG elektrische Hirnaktivitäten lediglich in einer drei Millimeter tiefen, also nur oberflächennahen Gehirnschicht erfassen. Es bräuchte daher weitere apparative Prüfmethoden wie z. B. bildgebende Verfahren. Doch jedes Verfahren liefere lediglich Indizien für den Hirntod, könne ihn aber nicht mit letzter Sicherheit feststellen. Zweitens wird zu bedenken gegeben, dass muskelentspannende Medikamente, die verabreicht werden, um Spontanreaktionen zu unterdrücken, das Vorliegen eines Hirntods vortäuschen könnten. Allerdings müssen, wie oben erwähnt, diese Medikamente rechtzeitig vor Beginn der Hirntoddiagnostik abgesetzt (und im Körper abgebaut) sein, sodass dieser Einwand eine unsachgemäße Durchführung der Diagnostik voraussetzt.

Als Drittes wird die menschlich-fehlerhafte Durchführung als weitere Fehlerquelle der Hirntoddiagnostik genannt. Zu ergänzen ist, dass sich die für die Feststellung des Hirntods erforderlichen Untersuchungsreihen in den verschiedenen Industrieländern voneinander unterscheiden. Dabei schert Großbritannien aus der Reihe der Staaten aus, die dem Hirntodkriterium den Ganzhirntod (also den irreversiblen Ausfall von Großhirn, Kleinhirn und Hirnstamm) zugrunde legen. Im Vereinigten Königreich genügt bereits die Diagnose des unumkehrbaren Ausfalls des Hirnstamms für die Feststellung des Hirntods. Wer gerne und viel reist, sollte wissen, dass im Falle des Versterbens in einem anderen Land die jeweils geltenden Kriterien für die Todesfeststellung zur Anwendung kommen. Abgesehen von Großbritannien liegen die Unterschiede zwischen den westlichen Staaten aber auf der Ebene der für die Hirntoddiagnostik erforderlichen Untersuchungsreihen und damit in einem Bereich, in dem der medizinische Laie kaum zu einem unabhängigen Urteil kommen dürfte.

Diese Zweifel an der Gültigkeit der These von der Steuerungsfunktion des Gehirns sowie an der Verlässlichkeit der Hirntoddiagnostik werden von zwei Gruppen von Kritikern des Hirntodkonzepts vertreten, die sich darin unterscheiden, dass die erste ungeachtet ihrer Kritik Möglichkeiten für die Organspende sieht, während die zweite Gruppe die gegenwärtige Transplantationspraxis ablehnt.

Wie kann es zu diesen unterschiedlichen Konsequenzen kommen? Die erste Gruppe ist im Deutschen Ethikrat durch deren Vorsitzenden, den evangelischen Theologen Peter Dabrock, repräsentiert. Mit anderen weist er darauf hin, dass die Intensivmedizin eine neue Gruppe von Patienten hervorgebracht habe, die sich gewissermaßen zwischen den Alternativkategorien „tot" und „lebendig" bewege: Hirntote haben „alle Fähigkeiten, die wir mit Personalität verbinden – Denken, Fühlen, Handeln, sprachlich und expressiv [d. h. durch Gesten] kommunizieren, sich bewegen oder emotional reagieren zu können – unwiederbringlich verloren".[34] Und doch ist damit nicht das Ende des Organismus in seiner funktionellen Ganzheit, folglich auch nicht der Tod eines Menschen markiert. In einem Aufsatz schlagen Ruth Denkhaus und Peter Dabrock daher vor, „Hirntote als Lebende im Zustand maximal reduzierter Lebendigkeit bzw. als *irreversibel Sterbende* zu bezeichnen".[35] Diese begriffliche Klärung zieht die Frage nach sich, ob man Lebenden in der Phase des irreversiblen Sterbens Organe entnehmen darf, würde dies doch ein Aufgeben der bereits erwähnten „Dead Donor's Rule" bedeuten, also der Regel, wonach die Entnahme lebenswichtiger Organe nur nach Todesfeststellung entnommen werden dürfen.

Nach Dabrock ist die scharf umgrenzte Aufhebung der „Dead Donor's Rule" vertretbar. Dabei hebt er auf die Selbstbestimmung des Menschen ab. Ein Mensch soll für sich – z. B. in einer Patientenverfügung – einwilligen können, dass ihm nach Feststellung des Hirntods und damit in der irreversiblen Phase des Sterbens, Organe entnommen werden dürfen. Er würde dann im strengen Sinne nicht an seiner zum Tod führenden Grunderkrankung, sondern infolge der Entnahme lebenswichtiger Organe sterben. Unter eng gefassten Voraussetzungen soll nach Dabrock die Organentnahme an noch Lebenden nicht als Tötungshandlung im strafrechtlich relevanten Sinn bewertet werden, weil sie aufgrund freier Einwilligung und in Hinsicht auf ein anderes hohes Gut geschieht, nämlich die Rettung des Lebens eines anderen Menschen. Dabei handele es sich um einen gesellschaftlich als hochrangig anerkannten Zweck, der es zwar erfordere, in den Sterbeprozess einzugreifen – allerdings in einer Sterbephase, die es überhaupt nur gibt, weil die Bereitschaft des Patienten zur Organspende dokumentiert ist. Ohne eine solche Einwilligung wären die intensivmedizinischen Apparate längst schon abgestellt worden, weil die Weiterbehandlung eines irreversibel Sterbenden – darin besteht weitgehender Konsens – nicht in dessen Interesse liegt.

Stellt das Hirntodkriterium somit nicht fest, dass der Patient verstorben ist (so E. Schockenhoff), dann bedeutet die fortgesetzte Praxis der Organentnahme, die Regel aufzugeben, wonach lebenswichtige Organe nur einem *toten* Körper entnommen werden dürfen. Bei künstlicher Aufrechterhaltung der Vitalfunktionen stirbt der Patient an der Entnahme lebenswichtiger Organe, rechtsdogmatisch käme dies einer Tötung auf Verlangen gleich, die nach Feststellung des Hirntods aber nicht als eine solche bewertet werden soll.

Diese Herangehensweise zieht den Einwand nach sich, dass damit einer schrittweisen Ausweitung des Spenderkreises Tür und Tor geöffnet werde, z. B. im Blick auf Wachkomapatienten.[36] Der Vorrang des Lebensschutzes könne nicht gewahrt werden, wenn es einmal erlaubt sei, Menschen, die sich in einer irreversiblen Phase des Sterbens befinden und damit noch Lebende seien, durch die Entnahme lebenswichtiger Organe zu töten (eine Wortwahl, die sich so eher bei den Kritikern, nicht den Befürwortern dieses Ansatzes findet). Ethiker wie Dabrock halten diese Gefahr jedoch für beherrschbar. Für sie ist das Hirntodkriterium insofern bedeutsam, als es einen ethisch wichtigen Einschnitt markiert, nämlich den Übergang in die *irreversible* Sterbephase des Patienten und damit den Punkt, (spätestens) ab dem der Arzt für den Patienten nichts mehr im therapeutischen Sinn tun kann, eine Weiterbehandlung daher nicht mehr angezeigt ist.

Peter Dabrock hält es für fundamental wichtig, dass die Möglichkeit der Organspende auf diesen eng gefassten Kreis von Patienten begrenzt bleibt. Er hebt hervor: „Jeder Versuch, die Möglichkeit der Organentnahme auf andere Patienten auszudehnen, bei denen lebenserhaltende Maßnahmen auf eigenen Wunsch oder (bei Nichteinwilligungsfähigkeit) in Absprache mit den Angehörigen abgebrochen werden, würde in der Praxis zu mehrdeutigen Situationen sowie zu einer Verstärkung der schon heute weitverbreiteten Ängste und Vorbehalte im Blick auf die Transplantationsmedizin führen.“[37] Der Einwand dagegen lautet, dass es solche Versuche doch faktisch bereits gebe, nämlich insbesondere bei Wachkoma-Patienten, deren Gehirn schwerstgeschädigt ist, die sich aber nicht in der irreversiblen Phase ihres Sterbens befinden. In einem immer stärker unter ökonomischen Gesichtspunkten agierenden Gesundheitssystem wachse der Druck auf die Angehörigen, einer Abschaltung der lebenserhaltenden Maßnahmen zuzustimmen, und dann sei es nur noch ein kleiner Schritt, diese Patientengruppe auch hinsichtlich ihrer Organspendebereitschaft in den Blick zu nehmen. Wer möchte am Ende noch entscheiden, ob die Apparate abgeschaltet wurden, um die Organe des Patienten verpflanzen zu können, oder ob es sich um eine im Interesse des Patienten (und ggf. mit Zustimmung der Angehörigen) getroffene Entscheidung handelt?

Diese unter dem Vorzeichen des unbedingten Lebensschutzes stehenden Bedenken führen eine zweite Gruppe von Kritikern des Hirntodkriteriums (überwiegend) dazu, die Organspende in ihrer gegenwärtig praktizierten Rechtsform abzulehnen.[38] Für sie ist es ethisch unhaltbar, einem für hirntot erklärten Menschen, der sich in der irreversiblen Sterbephase befindet, lebenswichtige Organe zu entnehmen und dadurch seinen Tod herbeizuführen. Sie weisen darauf hin, dass sich die Definition des „Hirntodes" als Tod des Menschen den pragmatischen Erwägungen der Transplantationsmedizin verdankt. Entsprechend lautet die These eines Buchs von Michael Reuter: „*Es gibt keinen ‚Hirntod'*; der *totale Hirninfarkt* wird von Hirntodtheorien *im Interesse von Behandlungsabbruch und Organverpflanzung* zum Tod des Menschen umgedeutet."[39] Diese Umdeutung wird vor allem an der Stellungnahme des Harvard-Komitees aufgewiesen, in dem die Einführung des Hirntodkriteriums – bei diesen Kritikern zumeist als „Hirntodtheorie" bezeichnet – explizit mit der Ermöglichung der Organtransplantation in Verbindung gebracht wird.[40] In der Infragestellung des Hirntodkriteriums sah das Komitee eine Gefahr für die sich damals in den entwickelten Staaten gerade ausbreitende Transplantationsmedizin. Die Kritiker sehen hier die Abkehr vom Vorrang des Lebensschutzes: Ein Patient wird für tot erklärt, um ihm Organe entnehmen zu dürfen, tatsächlich aber befinde er sich in der irreversiblen Phase des Sterbens und sei folglich noch am Leben. Damit unterlaufe die gegenwärtige Praxis der Organtransplantation die uneingeschränkte Geltung des Tötungsverbots insofern, „als nach der Hirntodtheorie bestimmte Schwerkranke oder Sterbende als vermeintlich Tote aus seinem Schutzbereich ausgegrenzt werden".[41]

Dieser Aufweichung des Tötungsverbots liegt dem Theologen Michael Reuter zufolge ein problematisches Verständnis von Leben zugrunde, bei dem es im Kern darauf ankomme, dass ein Organismus bewusst mit seiner Umwelt interagiert. Das aber sei bereits bei bewusstlosen Patienten nicht der Fall, die ohne Zweifel am Leben seien. Zwar setzten die Befürworter des Hirntodkriteriums den Tod des Menschen „erst mit der *Zerstörung des gesamten Gehirns* an".[42] Doch faktisch stehe dahinter, auch wenn vom Verlust der geistig-personalen Ganzheit des Menschen die Rede ist, ein *bewusstseins*zentrierter Todesbegriff, der nahelegt, auch Personen im Wachkoma oder Anenzephalen (bei denen Teile des Gehirns nicht ausgebildet oder unterentwickelt sind) nicht mehr als Lebende zu betrachten.[43] Reuter ist überzeugt: „Das Totsagen von Menschen mit zerstörtem Gehirn tendiert zur Ausweitung des Für-tot-Erklärens auch auf andere Patientengruppen."[44] Wo immer jedoch Zweifel am Totsein eines Menschen bestehen, hat das Recht des schwersthirngeschädigten Patienten auf ein menschenwürdiges Sterben Vorrang vor dem Wunsch anderer Patienten nach einem längeren Leben.

Kritiker des Hirntodkriteriums gibt es nicht nur unter Philosophen und Theologen, sondern auch unter Medizinern. Sie machen geltend, dass die Hirntoddiagnostik das Ausbleiben von Reflexen feststellt, dass aus fehlenden Reflexen jedoch nicht verlässlich auf das *vollständige* Erlöschen der Gehirnfunktion geschlossen werden könne. Das Vorhandensein eines wenn auch nur geringen Bewusstseins könnten die verwendeten Diagnosemethoden nicht ausschließen.[45] Allerdings ist dabei zu beachten, dass sich die für die Hirntodfeststellung erforderlichen Untersuchungen von Staat zu Staat unterscheiden, es also ein Mehr oder Weniger an Verlässlichkeit gibt. Fazit der Kritiker: An der „Dead Donor's Rule" solle unbedingt festgehalten werden; die Unsicherheit des Hirntodkriteriums erlaube es nicht, sie als Voraussetzung für Organtransplantationen in Anspruch zu nehmen.

Grenzen der medizinischen Todesfeststellung

Die Bundesärztekammer hat auf die auch in Fachkreisen zunehmende Kritik an der Gleichsetzung von Hirntod und Tod des Menschen reagiert, indem sie seit 2015 nicht mehr von der Feststellung des „Hirntods", sondern des „irreversiblen Hirnfunktionsausfalls" spricht.[46] In der 4. Fortschreibung des Transplantationsgesetzes von 2015 sind die Anforderungen an die Hirntodfeststellung noch einmal verschärft worden. Gleichwohl halten Kritiker es für problematisch, dass nach wie vor ein „Null-Linie-EEG" nicht zu den Erfordernissen der Hirntoddiagnostik gehört. Die Diskussion um die Hirntodfeststellung hat somit zu einer sprachlichen Präzisierung geführt, die freilich Kritiker des Hirntodkonzepts nicht zufriedenstellt. Deutlicher ausgedrückt ist jetzt, was überhaupt in die Zuständigkeit der medizinischen Diagnostik fällt: nämlich den Funktionsausfall des Gehirns festzustellen. Genau dies leisten die oben erwähnten Untersuchungsreihen. Der irreversible Hirnfunktionsausfall ist allerdings weiterhin Grundlage der Todesfeststellung. Dass die Verknüpfung hergestellt wird, ist aber eine keine Entscheidung medizinischer

Natur, sondern Ausdruck einer bestimmten philosophischen Vorstellung von der Bedeutung des Gehirns für den Menschen: nämlich vom Gehirn als zentraler Steuerungsinstanz des Gesamtorganismus.

Ob man der Auffassung vom Gehirn als zentraler Steuerungsinstanz des Organismus folgt oder nicht, entscheidet wesentlich darüber, wie man die intensivmedizinisch-apparativ aufrechterhaltene Lebensfunktionen beim Hirntoten interpretiert. Dass der Hirntote unter den Bedingungen lebenserhaltender Maßnahmen wie ein Lebender aussieht, steht außer Frage. Und doch kann er die Hauptfunktionen seines Körpers, wie Atmung und Blutkreislauf, nur mit Unterstützung eines externen Apparats wie dem Beatmungsgerät aufrechterhalten. Sicherlich ist der Hinweis eindrücklich, „dass bei Hirntoten noch eine Wundheilung stattfindet, dass sie Fieber entwickeln können, dass sie eine Immunabwehr haben, dass bei hirntoten Kindern eine sexuelle Reifung und ein Körperwachstum zu beobachten ist, dass Hirntote auf bestimmte Reize mit einer erhöhten Herzfrequenz und mit erhöhtem Blutdruck, ja mit der Ausschüttung von Stresshormonen reagieren“.[47] Und doch muss man deutlich sagen, dass der Körper dies aufgrund der maschinellen Aufrechterhaltung des Herz-Kreislauf-Systems tut und er diese Aktivitäten bei Abschalten der Beatmung unverzüglich einstellen würde.

Dagegen könnte man einwenden, „dass viele Menschen etwa auf einen Herzschrittmacher zur Lebenserhaltung angewiesen sind, und diese Abhängigkeit uns nicht dazu bringt, sie für tot zu halten. Aber dieser Einwand berücksichtigt nicht, dass diese Patienten über Bewusstseinsfähigkeit verfügen. Es ist durchaus möglich zu leben, ohne bewusstseinsfähig zu sein. Aber niemand kann [wie der Patient mit Herzschrittmacher] bewusstseinsfähig sein und zugleich tot."[48] Wie immer man sich zur Gültigkeit des Hirntodkriteriums positionieren mag: dass wir von Hirntoten sprechen, deren Körper die o. g. Aktivitäten aufweist, ist der intensivmedizinisch verursachten *Aufspaltung des Todes* (in den klinisch diagnostizierten und den anhand der Todesanzeichen erfahrbaren Tod) geschuldet. Wir dürfen also nicht davon absehen, dass die notwendige Bedingung für die geschilderten Beobachtungen die *maschinelle* Aufrechterhaltung von Atmung und Blutkreislauf ist, ohne die sich die Frage des Hirntods gar nicht stellen würde.

5. Die Macht des „Erfolgs": Dürfen wir alles, was wir können?

Die Praxis der Organtransplantation als medizinisches Standardverfahren wäre undenkbar ohne bahnbrechende Forschungsleistungen, zu denen insbesondere die Möglichkeit gehört, die Abstoßungsreaktionen durch ein dem Körper eingepflanztes fremdes Organ zu unterdrücken. Doch aus der Möglichkeit, Organe zu transplantieren und auf diese Weise schwer erkrankten Menschen die Perspektive einer Lebensverlängerung zu eröffnen, wird schnell ein Imperativ, dass das dem Menschen Mögliche auch getan werden muss. Warum denn auch nicht? Ein Einwand lautet: Weil vielleicht diejenigen, denen das Organ entnommen wird, noch nicht ganz tot sind. Zumindest nährt die Art und Weise der Einführung des Kriteriums die Vermutung, dass sich hier die Todesdefinition nach den medizinischen Möglichkeiten zu richten hatte, nicht umgekehrt. Auch wenn z. B. die Richtlinien der Bundesärztekammer dahingehend verlässlich sind, dass ein Hirntoter das Bewusstsein nicht wiedererlangen wird, bleibt für viele Menschen doch die Frage offen, ob der Totalausfall des Gehirns identisch ist mit dem Tod der Person, die, angeschlossen an einen Beatmungsapparat, weiterhin Lebenszeichen zeigt und die Kennzeichen einer Leiche (Erkalten, Totenflecke etc.) vermissen lässt.

Auch die seit 2008 wieder aufgeflammte wissenschaftliche Diskussion um das Hirntodkriterium wird ganz überwiegend unter dem Vorzeichen geführt, dass auf Organtransplantationen nicht verzichtet werden soll. Das ist auch verständlich, wenn wir uns anschauen, welche Vorstellungen der Diskussion ihren Rahmen geben, welche zum Teil unausgesprochenen Annahmen ihr zugrunde liegen. In den postchristlichen Gesellschaften des Westens, in denen der Gottesgedanke für gesellschaftliche Debatten keinen maßgeblichen Einfluss mehr beanspruchen darf, ist die Vorstellung eines ewigen Lebens weithin verblasst. Unter dieser Voraussetzung wird ein möglichst langes, selbstbestimmt geführtes *irdisches* Leben zur Leitvorstellung der liberalen Gesellschaft. Gesundheitsvorsorge und körperlicher Fitness kommt ein hoher Rang zu. Wo immer die Medizin zu helfen verspricht, ist weniger das Ja zu einer medizinischen Maßnahme begründungspflichtig als vielmehr deren Ablehnung. Eine Betroffene bestätigt:

> Es stimmt schon: Nein zu einer gespendeten Niere oder einem „neuen" Herzen zu sagen, „wo so etwas heutzutage doch schon Routine ist", erfordert ein Selbstbewusstsein, eine feste Überzeugung und Stärke [...]. Zumindest gilt das Nein zu diagnostischen und therapeutischen Maßnahmen als politisch inkorrekt, wenn nicht gar als „undankbar".[49]

Damit ist nicht gemeint, dass jemand, der einen Lebenshorizont über dieses irdische Dasein hinaus kennt, grundsätzlich zu jeder Behandlung Nein sagen muss, die darauf zielt, seine Gesundheit zu stärken, seine Lebensqualität zu erhöhen und sein Leben zu verlängern. Je nach Lebensalter und näheren Umständen wird man hier zu unterschiedlichen Einschätzungen gelangen. Das Problem ist jedoch die Schlagseite der Diskussion, die ganz von der Leitfrage her geführt wird, wie sich die Zahl der Organspender erhöhen lässt. Dahinter verblassen so wichtige gesellschaftliche Diskurse wie die, was ein gutes Leben ist und wie wir uns der Unvermeidlichkeit des Todes gut gerüstet stellen können. Es diskutiert gewissermaßen nur die halbierte, die technische Vernunft, die keinen Zugang zu den Begründungsfragen hat, auf die das Herz Antwort sucht: Ist der Mensch nicht mehr als seine Organe? Hat er eine Seele? Und wenn er sie hat, was sollte mir dann wichtig sein im Leben wie im Sterben?

Die liberale Gesellschaft bietet auf solche Fragen keine Antwort, sie möchte das angesichts der Deutungsvielfalt der Sinnanbieter auch gar nicht. Doch ist der Verzicht darauf, diese Frageebene anzusprechen, wirklich ein Gewinn für das Gemeinwesen? Oder führt dieser Verzicht nicht vielmehr dazu, dass die Logik der Ökonomie, genauer: des Nutzkalküls, auch gesundheitspolitische Debatten immer stärker dominiert?

Von diesen Grundentscheidungen her fügt sich die Transplantationsmedizin dann schnell in Vorstellungswelten ein, die den Aspekt der Machbarkeit ins Zentrum stellen. Ein solcher Ansatz speist sich aus der Todesverdrängung und der Lebensvergötterung, in die Menschen flüchten, wenn ihnen die Wirklichkeit Gottes abhandengekommen ist. Der Mensch setzt sich an die – in der Neuzeit leer gewordene –

Stelle Gottes, der allein Herr über Leben und Tod ist, und urteilt jetzt selbst darüber, was menschliches Leben (wert) ist. Orientiert er sich für dieses Urteil allein an der Funktionalität des Gehirns, dann besteht die Gefahr, dass schwerstkranke Menschen, die dieser Lebensdefinition nicht zu genügen vermögen, aus dem Schutzbereich der Menschenwürde herausdefiniert werden. Dabei soll selbstverständlich nicht das Tötungsverbot aufgeweicht, sondern Leben, z. B. durch Organtransplantationen, gerettet werden. Wird die Diskussion jedoch ganz aus der Bedürfnisperspektive des schwerkranken, auf ein fremdes Organ angewiesenen Patienten geführt, dann entsteht der Eindruck, es mache sich moralisch schuldig, wer sich weigert, zu Lebzeiten der Organspende zuzustimmen. Wo es um eine Spende geht, besteht aber kein moralischer Anspruch.

Wird die Organtransplantation nicht strikt an das Kriterium der Freiwilligkeit geknüpft, dann verliert sie ihren Charakter als Spende. Und verblasst das Verständnis der Spende, kann der Eindruck entstehen, der Bedarf an einem Organ begründe auch einen Anspruch darauf; vorhanden sind sie ja schließlich. Vom Anspruch her gedacht aber wird schwerstkranken Menschen immer weniger einleuchten, warum sie dem Organspendermangel in ihrem Heimatland zum „Opfer" fallen sollen, wo es doch einen weltweiten Markt für Organtransplantate gibt. Das drastische Wohlstandsgefälle zwischen vermögenden Menschen aus den Staaten der nördlichen Hemisphäre und Millionen von armen und perspektivlosen Menschen aus dem globalen Süden hält den kommerziellen Organhandel in Schwung.

Zutiefst problematisch sind die Zustände auch in der aufstrebenden Weltmacht China. Hier bieten Kliniken Westlern die schnelle und bürokratisch unkomplizierte Verpflanzung von Organen an, die z. B. zum Tode verurteilten Gefangenen entnommen wurden.[50] Überhaupt steht für viele außereuropäische Staaten in Zweifel, dass der Organentnahme eine informierte Einwilligung des Spenders vorauszugehen hat. Den Angeboten der international agierenden und über das Internet ihre Kunden werbenden Organhändler steht eine Nachfrage gegenüber,[51] was Organtransplantationen insgesamt in Verruf bringt, auch solche, die nichtkommerziell und abseits solcher kriminellen Machenschaften durchgeführt werden. Dabei ist die verzweifelte Suche nach einem Spenderorgan subjektiv durchaus verständlich. Wenn an diesem irdischen Leben alles hängt, warum dann nicht jedes Angebot annehmen, das die Chance auf Verlängerung dieses Lebens verheißt? Der Ausfall des Gottesglaubens schwächt die Abwehrkräfte einer Gesellschaft, die es braucht, um sich den problematischen Ausweitungstendenzen in der Transplantationsmedizin entgegenzustellen. Menschen, für die es bei ihrer irdischen Existenz um alles oder nichts geht, sind anfälliger für Verlockungen, die ihnen verheißen, der Todesbedrohung entkommen zu können, koste es, was es wolle.

Noch eine andere Ausweitungstendenz ist zu nennen: Neben der Organspende gewinnt die Gewebespende immer stärkere Bedeutung. Auch sie bedarf in Deutschland der Einwilligung und steht unter etwas anderen Voraussetzungen als die Organspende.[52] Wer dem Hirntodkriterium nicht traut, wird bei der Frage der Gewebespende entlastet. Der potenzielle Gewebespender liegt in der Regel nicht hirntot und künstlich beatmet auf der Intensivstation, sondern im Kühlraum von Kliniken oder rechtsmedizinischen Instituten. Bis zu 72 Stunden bleibt (abhängig vom konkreten Gewebe) Zeit für die Entnahme. Fast alles am Menschen ist verwertbar: Herzklappen, Gefäße, Augenhornhäute, Knochen, Haut und Sehnen. Die Angehörigen, die um Einwilligung in die Gewebespende ersucht werden, werden üblicherweise telefonisch kontaktiert, was die bei Gewebespenden erforderliche sehr detaillierte Befragung zum Leben des Verstorbenen nicht einfacher macht.

Die ethische Problematik der Gewebespende liegt jedoch an einem anderen Punkt. Während Organspenden zumeist lebensrettend sind, dienen Gewebespenden überwiegend der Verbesserung der Lebensqualität. Dahinter jedoch kann sich sehr Unterschiedliches verbergen. Der Anwendungsbereich der Gewebespenden reicht von der Verpflanzung einer Hornhaut, durch die Blinde ihr Sehvermögen zurückgewinnen, bis hin zu Hautübertragungen, die entweder medizinisch indiziert oder auch Leistung der Lifestyle-Medizin sein können. In diesem letzteren Bereich sind hohe Gewinne zu erzielen. Ein Grund, warum für das Spenden von Gewebe nicht ähnlich offensiv geworben wird wie für das Spenden von Organen dürfte dann auch sein, dass nichtkommerzielle und kommerzielle Einsatzfelder nahe beieinanderliegen und scharfe Abgrenzungen schwierig sind.

Dürfen wir alles, was wir können? Die Antwort lautet nein, denn wir dürfen vor allem nicht vergessen, was der Mensch ist – und dass er nicht Gott ist. Zwar neigen wir dazu, das in der Euphorie über neue medizintechnische Fortschritte zu vergessen, ja, wir können Gott spielen – aber dürfen wir das? Dient dieses Vergessen dem Menschen als endlichem, um seine Zerbrechlichkeit wissenden Wesen? Wollen wir lediglich die technische Vernunft befriedigen, die es wieder einmal geschafft hat, eine weitere Grenze hinter sich zu lassen, oder ist das menschliche Leben nicht vielmehr eine Gabe, ein Geschenk Gottes, die im Wissen darum empfangen wird, dass der Mensch Geschöpf, nicht aber Konstrukteur seines Lebens ist? Folgt die Transplantationsmedizin der Logik des Machbaren, steht sie in der Gefahr, der Todesverdrängung und Lebensvergötterung des Menschen zu dienen, der Gott nicht kennt. Sie wird anfällig für Missbrauch und bedarf daher der strikten Regulierung. Zugleich verdanken ihr unzählige Menschen ein Leben, das, wenn auch mit Einschränkungen, weitergeht, wofür sie dankbar sind.

Die freiwillige Organspende setzt eine informierte Entscheidung voraus. Doch unter welchen Bedingungen ist eine Entscheidung wirklich frei? Werfen wir dazu zunächst einen Blick auf die Aufklärungsbemühungen in Sachen Organspende, bevor wir uns der Frage zuwenden, ob unter Maßgabe der Widerspruchsregelung, wie sie z. B. in Österreich gilt, von der Freiwilligkeit der Organspende gesprochen werden kann.

Werbung statt Aufklärung

In Deutschland wird die Aufklärung in Sachen Organspende – im Auftrag der Bundesregierung – maßgeblich von der Bundeszentrale für gesundheitliche Aufklärung (BzgA) verantwortet. Zu diesem Zweck werden Flyer, Broschüren (inkl. Organspendeausweis), Plakate und Kurzfilme produziert und verbreitet. Das Bemühen der BzgA, mehr Menschen zur Einwilligung in die Organspende zu bewegen, geht davon aus, dass nach eigenen Erhebungen der Bundeszentrale über 80 Prozent der erwachsenen Deutschen der Organspende positiv gegenüberstehen, aber nur ein wesentlich geringerer Teil seine Einwilligung in einem Organspendeausweis dokumentiert hat.

Untersuchungen der Umfragemethodik stellen jedoch bereits die hier behauptete Ausgangslage in Zweifel. So bejahen in den Umfragen der BzgA 79 Prozent der Befragten die Aussage „Der Hirntod ist ein unumkehrbarer Zustand des Sterbeprozesses", 77 Prozent zugleich die Aussage „Der Hirntod ist ein sicheres Todeszeichen." Mehrfachnennungen waren möglich. Bei gleichzeitiger Bejahung beider Aussagen muss allerdings angezweifelt werden, ob das Hirntodkriterium wirklich verstanden wurde, denn sein medizinischer Zweck besteht ja gerade darin, einen Menschen für tot zu erklären, seinen Sterbeprozess also als abgeschlossen zu betrachten. Geht man mit der geltenden Rechtslage davon aus, dass der Organspende die Todesfeststellung vorausgehen muss, dann vermögen die Umfrageergebnisse die von der BzgA behauptete Eindeutigkeit im Verständnis der Abläufe jedenfalls nicht zu stützen.[53] Es bräuchte also mehr Aufklärung und weniger Werbung zugunsten der Organspende.

Eine Untersuchung von 32 Kurzfilmen der BzgA zum Thema Organspende belegt jedoch, dass es sich dabei tendenziell um Werbefilme für die Einwilligung in die Organspende handelt. So wird der Umstand, dass die Organspende mit dem Tod eines Menschen in Zusammenhang steht, nicht weiter thematisiert, im Mittelpunkt stehen die Organempfänger, die größtenteils „als junge, sportlich aktive, gesund lebende, familiär eingebundene und produktiv im Arbeitsleben stehende Personen inszeniert werden".[54] Von der lebenslang erforderlichen Einnahme von Medikamenten zur Unterdrückung des Immunsystems und der damit einhergehenden höheren Anfälligkeit für Krankheiten bis hin zu Krebs ist in den Filmen keine Rede. Insofern schließt selbst diese einseitig empfängerzentrierte Darstellungsweise keine wirkliche Aufklärung ein.

Dabei verschweigen Betroffene, so man sie danach fragt, die Ambivalenz des Lebens mit einem fremden Organ in der Regel nicht. Eine Organempfängerin beschreibt den Kampf, der sich in ihr abspielt, folgendermaßen:

> Das fremde Organ wird wie ein Feind behandelt, der von meinen Abwehrkräften bekämpft wird. Oder umgekehrt die körpereigenen Wächter, die sich auf das Fremde stürzen, müssen diszipliniert werden. Als „Rache“ für die Unterdrückung des Immunsystems stellen sich neben vielen kleinen, wiederum beherrschbaren Nebenwirkungen ein enorm erhöhtes Krebsrisiko und die ständige Akutgefahr einer tödlichen Infektion ein.[55]

Erst die umfassende Aufklärung über die verschiedenen Aspekte der Organtransplantation lassen verständlich werden, warum es Menschen gibt, die es ablehnen, sich auf die Warteliste für ein Organ setzen zu lassen. Die meisten Kurzfilme wirken dagegen eher wie eine „Imagekampagne“ für saubere Spenden.[56] Moralische Appelle signalisieren jedoch, „dass man ein schlechtes Gewissen bekommen soll, wenn man nicht spendet“.[57] Besonders problematisch ist es, wenn der Eindruck erweckt wird, dass ein anderer Mensch sterben muss, wenn ich nicht zur Organspende bereit bin, denn tatsächlich stirbt der potenzielle Empfänger nicht an der fehlenden Organspende, sondern am Versagen seines eigenen Organismus. Wie kann die Organspende ein Geschenk aus freien Stücken sein, zu dem der Schenkende nicht verpflichtet ist, wenn es einen „Bedarf“ an Organen gibt? Kann es, fragt G. Maio, „einen Bedarf an Geschenken geben?“[58] Im Interesse aller Beteiligten dürfte es doch sein, sachlich über die Vorzüge und Probleme einer Organspende aufzuklären, statt mit der kaum verschleierten Absicht, die Zahl der Organspenden zu erhöhen, Misstrauen zu wecken.

Widerspruch statt Zustimmung

In Deutschland folgt das Verfahren der Organtransplantation dem seit 1997 geltenden (und seitdem nur modifizierten) Transplantationsgesetz. Danach setzt die Entnahme lebenswichtiger Organe die ausdrückliche Einwilligung derjenigen Person voraus, der die Organe entnommen werden. Liegt keine Willensbekundung von ihr vor, sind die nächsten Angehörigen gebeten, die Entscheidung zu treffen. 2012 wurde diese Zustimmungsregelung um eine Entscheidungskomponente ergänzt. Danach wird jeder erwachsene Versicherte ab 16 Jahren jährlich von seiner Krankenkasse per Brief dazu aufgefordert, seine Entscheidung pro oder contra Organspende mittels eines Organspendeausweises zu dokumentieren. Solche oder ähnliche Regelungen gibt es auch in den Vereinigten Staaten, Großbritannien, der Schweiz und Dänemark.

In anderen Staaten wird die Bereitschaft der Bürger zur Organspende grundsätzlich vorausgesetzt, weshalb der Widerspruch dagegen ausdrücklich und in Schriftform erklärt werden muss. Italien, Frankreich und Österreich zählen zu denjenigen Ländern, die diese Regelung praktizieren. In einigen Staaten, wie Belgien, Norwegen und Finnland, ist die Widerspruchsregelung um eine Vetooption der Familienangehörigen erweitert, die nach Todesfeststellung Widerspruch gegen eine Organentnahme einlegen können. Die Praxis ist in allen genannten Staaten jedoch vielgestaltiger, als es sich in den Schlagworten von Zustimmung und Widerspruch ausdrücken lässt.

Der bereits aufgezeigten Grundtendenz entsprechend wird auch die Diskussion, wie die Organspende gesetzlich geregelt werden soll, vor allem von der Frage her geführt, mit welcher Regelung sich die Zahl der Organspenden am ehesten erhöhen lässt. Damit wird der Eindruck erweckt, es müsse nur an der Stellschraube der (oft fehlenden) Zustimmung eines potenziellen Organspenders gedreht werden und schon werde die Zahl der transplantierten Organe steigen. Doch ist das so? Vergleicht man die gesetzlichen Regelungen kulturell verwandter Staaten untereinander und setzt sie zur jeweiligen Zahl der Organspenden pro Kopf der Bevölkerung ins Verhältnis, ergibt sich kein eindeutiges Bild.[59] So finden sich in der Spitzengruppe mit den höchsten Spenderquoten zwar überwiegend Staaten mit Widerspruchsregelung (mit großem Abstand steht hier Spanien an der Spitze, gefolgt von Portugal), doch auch Staaten mit Zustimmungsregelung (wie die USA und, ebenfalls im oberen Drittel, Großbritannien). Sieht man sich die im europäischen Vergleich hinten liegenden Staaten an, so finden sich auch hier solche mit Widerspruchsregelung (Lettland, Zypern und Bulgarien) sowie solche mit Zustimmungsregelung (Rumänien). Dazu kommt: Der Blick in Gesetzestexte liefert noch kein hinreichendes Bild über die Praxis der Organtransplantation. So wurde deutschen Parlamentariern, die Spanien besuchten, um die Faktoren für die dort hohe Zahl an Organspenden zu finden, dort versichert, dass in der Praxis eine Zustimmungsregelung angewendet wird. Eine Organentnahme ohne Zustimmung der Familie finde nicht statt, was auch das hohe Vertrauen der Bevölkerung in das Transplantationssystem erklären könnte.[60] Zudem ist die Organentnahme in Spanien auf weniger als 200 Kliniken konzentriert (zum Vergleich: in Deutschland sind es gut 1300 Kliniken), das Personal in diesen Einrichtungen ist entsprechend spezialisiert und wird kontinuierlich weitergebildet. Deutlich ist: Die Anzahl der pro Kopf der Bevölkerung in einem Jahr übertragenen Organe ist nicht allein von der jeweils herrschenden gesetzlichen Regelung abhängig, sondern von einer Vielzahl kultureller, sozialpsychologischer, ökonomischer, organisatorischer und anderer Faktoren.[61]

Daher ist es wichtig, die Diskussion aus der Zone der Schlagwörter herauszuführen und sich stärker der Frage anzunehmen, welche Verfahrensoptimierungen es auf der Ebene der Krankenhäuser braucht, um z. B. potenzielle Organspender effizienter zu identifizieren. Effizienz kann zwar in diesen Fragen nicht das alles entscheidende Kriterium sein, es ist aber eines der Kriterien, auf die der Gesetzgeber *Einfluss* nehmen kann. In einem 2017 auf den Weg gebrachten Gesetzentwurf des Bundesministeriums für Gesundheit wird ein Bündel von Maßnahmen genannt, das zu einer besseren Koordinierung der Abläufe führen soll. So soll für jede Intensivstation (je nach Bettenzahl) mindestens ein Transplantationsbeauftragter bestellt werden, die Rolle der Transplantationsbeauftragten in den Kliniken wird durch das Gesetz deutlich gestärkt. Entnahmekrankenhäusern soll künftig der Prozessablauf einer Organspende besser vergütet werden. Ein bundesweiter Rufbereitschaftsdienst soll gewährleisten, dass jederzeit flächendeckend und regional qualifizierte Ärzte für die Feststellung des Hirntods zur Verfügung stehen. Auch die Angehörigen von Organspendern sollen besser betreut werden.

Für die Angehörigen wird die neue Regelung bedeuten, dass sie mit größerer Wahrscheinlichkeit als bisher – frühzeitig – auf die mutmaßliche oder dokumentierte Bereitschaft des Angehörigen zur Organspende angesprochen werden.

Denn eine neuere Untersuchung legt nahe, dass sich die Zahl der Organspenden pro Jahr um ca. 65 Prozent erhöhen ließe, wenn es bei infrage kommenden Patienten zur Ansprache der Angehörigen auf das Thema gekommen wäre,[62] was geschehen muss, *bevor* die lebenserhaltenden Apparate abgestellt werden.

Noch ein zweiter Aspekt ist an der Widerspruchsregelung problematisch. Sie macht die Organspende faktisch – wenn auch nicht dem Wortlaut des Gesetzes nach – zur Bürgerpflicht und greift damit in das Selbstbestimmungsrecht der Person ein, weil sie das Nichtvorliegen einer Willensbekundung als Einwilligung in die Organspende deutet. Auf diese Weise werden die Organe eines Menschen quasi als Eigentum der Gemeinschaft angesehen, die mit seinem (Hirn-)Tod zur Verwertung freigegeben sind. Das aber ist unzulässig, weil eine Spende grundsätzlich die Bereitschaft zu spenden voraussetzt, diese Bereitschaft aber nicht einfach unterstellt werden darf, nur weil keine Willensbekundung vorliegt. Ist die Einwilligung zur Organspende nicht dokumentiert, dann verbietet es die Würde des Menschen, dessen Körper lediglich als eine Anordnung von Organen anzusehen, die potenziell für andere von Nutzen sein könnten.[63] Die Würde des Menschen strahlt über den Tod hinaus. Kulturell verankerte Pietätspflichten wie die Achtung der Totenruhe erinnern daran.

Gegen die Widerspruchsregelung spricht zudem ganz entscheidend, dass die Verantwortung des Staates für die Aufklärung der Bevölkerung hinfällig wird. Die Widerspruchsregelung braucht die informierte Einwilligung des potenziellen Organspenders nicht, weil jeder Erwachsene, ohne dass es seiner Einwilligung bedarf, bereits Organspender ist. Die Aufklärung der Bevölkerung dürfte vermutlich sogar kontraproduktiv sein, weil die Beschäftigung mit der Thematik Menschen zum Widerspruch animieren könnte,[64] was unter der Maßgabe, die Zahl der Organspender zu erhöhen, nicht sachdienlich wäre. Das Vertrauen in das System der Organtransplantation kann aber nur wachsen, wenn die Bevölkerung darüber informiert wird, unter welchen Voraussetzungen eine Organspende möglich ist, wie die Transplantation abläuft und welche Konsequenzen sie für die Beteiligten hat.

Die Patientenverbände weisen auf ein weiteres Problem der Widerspruchsregelung hin. Sie fragen, ob der genannte Gesetzentwurf von 2017 die Tätigkeit der Transplantationsbeauftragten im Krankenhaus nicht neu ausrichtet, wenn deren Hauptaufgabe zukünftig nicht mehr wie bisher sein soll, „bei der Organisation einer Organspende nach Feststellung des Hirntods behilflich zu sein. Vielmehr sollen sie potenzielle Spender für Organe identifizieren."[65] Das aber würde bedeuten, dass Ärzte Patienten mit massiver Hirnschädigung bei aussichtsloser Prognose so lange weiterbehandeln, bis der Hirntod diagnostiziert ist. Der Arzt Stephan Sahm stellt fest: Eine solche Weiterbehandlung „nützt den Betroffenen nicht, und nur höchst selten haben sie in einer Voraberklärung zum Zwecke der Organspende dazu eingewilligt. Dabei kann es sich um Zeitspannen von Stunden, Tagen oder Wochen handeln. Mehr noch, die Therapie muss dabei nicht nur weitergeführt, sie muss verfeinert werden, um die Organe tauglich für eine Transplantation zu halten."[66] Aufklärung bedeutet daher auch zu vermitteln, dass die mit einem Organspendeausweis dokumentierte Bereitschaft zur Organspende eine Einwilligung zur Therapiefortführung sowie den Verzicht auf die Behandlung mit Schmerzmitteln bis zur Hirntoddiagnose einschließt.

Wie wichtig das Vertrauen in die Transplantationsmedizin

für die Bereitschaft zur Organspende ist, hat sich gezeigt, als 2012 ans Licht kam, dass in Kliniken in Göttingen und Regensburg Ärzte falsche Angaben zu Patienten machten, die dadurch auf der Liste der Transplantationsempfänger nach oben rückten (finanzielle Vorteilsnahme war jedoch nicht im Spiel). Die Staatsanwaltschaft ermittelte wegen Totschlags, da durch dieses Vorgehen unvermeidlich andere Patienten von dem ihnen zustehenden Listenplatz verdrängt wurden. Die Prozesse endeten mit Freisprüchen, doch sank die Zahl der Organspenden in den Folgejahren auf den niedrigsten Stand seit 2002. Auch wenn dazu die mediale Berichterstattung beigetragen hat, die nach G. Maio unangemessen „reißerisch und verallgemeinernd" war,[67] zeigt der Vorgang, wie wichtig das Vertrauen in die Transplantationsmedizin ist. Und dennoch darf man sich keine Illusionen machen: Wo Menschen in Entscheidungsprozesse eingebunden sind, können sie ihre Position missbrauchen. Das gehört zur Signatur dieser gefallenen Welt. Ohne Freiheit könnte der Mensch nichts Gutes tun, aber aufgrund seiner Freiheit gibt es auch das Böse. Mit diesen Aussagen erreichen wir die Ebene der theologischen Grundüberzeugungen, von denen Christen ausgehen, wenn sie die Frage nach der Beurteilung der Organspende beantworten möchten.

6. Menschsein in Beziehungen: Die Organspende in biblisch-theologischer und christlich-ethischer Perspektive

Leben ohne Limit? Die Endlichkeit und der Geschenkcharakter des Lebens

Wer den Menschen verstehen will, der muss über ihn hinausfragen. Denn der Mensch verdankt sein Leben nicht sich selbst, es wird ihm vielmehr geschenkt. Der Charakter des Lebens als Gabe wird daran deutlich, dass wir *geboren* werden, unser Leben also unmittelbar den Eltern verdanken. Die Eltern sucht sich kein Mensch aus, auch nicht Zeit und Ort seiner Geburt. Doch sind die Eltern nicht die Quelle des Lebens, sie sind „concreatores", „Mitschöpfer" (M. Luther). Denn Schöpfer und Herr des Lebens ist allein Gott. Die Grundbeziehung des Lebens ist die Beziehung, die Gott zum Menschen hat, den er als sein Ebenbild erschafft (1Mo 1,27). Ohne dieses Verhältnis Gottes zum Menschen ist das Geschöpf Mensch nicht zu verstehen.

Gott als Geber des Lebens anzuerkennen, bedeutet, um den Unterschied zwischen Schöpfer und Geschöpf zu wissen: Gott ist ewig, der Mensch dagegen ist endlich. Er ist nicht aus dem Wesen, sondern dem Willen Gottes hervorgegangen, also auf Gott bezogen und doch wesentlich von ihm unterschieden. Die Bibel bringt diese Stellung des Menschen plastisch darin zum Ausdruck, dass sie ihn als vom Staub der Erde genommen und zugleich durch Gottes Geist belebt ansieht (1Mo 2,7). Als Repräsentant Gottes hat der Mensch eine in der Schöpfung einzigartige Bestimmung, Gott hat ihn wenig niedriger gemacht als sich selbst (Ps 8,6), gerade deshalb ist es für den Menschen wichtig, sich dessen zu erinnern, dass er nicht göttlich, sondern irdisch und endlich ist: „Denn der Staub muss wieder zur Erde kommen, wie er gewesen ist, und der Geist wieder zu Gott, der ihn gegeben hat" (Pred 12,7). Ob der Mensch sich selbst richtig versteht, hängt also wesentlich an seiner Bereitschaft, sich selbst von Gott zu unterscheiden.

Genau darin liegt nach dem Zeugnis der Bibel das Problem des Menschen. Der Hochmut gegen Gott und die Verzweiflung angesichts der eigenen Niedrigkeit und Vergänglichkeit sind die zwei Seiten des Abfalls von Gott. Diese Abwendung von Gott als der Quelle des Lebens und Garant guter Lebensordnungen führt dazu, dass der Mensch den ihm bestimmten Platz in dieser Welt verfehlt und die Beziehungen, in die er hineingestellt ist, verdirbt. Diese große Störung des Menschen zeigt sich in den drei Grundbeziehungen, in denen sich das Leben des Menschen vollzieht: seiner Beziehung zu Gott, zu den Mitmenschen und anderen Mitgeschöpfen sowie der Beziehung zu sich selbst. Als Adam und Eva im Garten Eden in der Versuchung standen, die Frucht vom Baum des Lebens zu essen, lautete das Versprechen der Schlange: „Ihr werdet keineswegs des Todes sterben, sondern Gott weiß: an dem Tage, da ihr davon esst, werden eure Augen aufgetan, und ihr werdet sein wie Gott und wissen, was gut und böse ist" (1Mo 3,4-5). Gut und Böse unterscheiden zu können, ist tatsächlich die Frucht des Ungehorsams gegen Gottes Gebot, aber es ist eine vergiftete Frucht. Nach Christof Gestrich bedeutet die Erzählung,

> dass der Mensch, der nun tatsächlich mit hierfür geöffneten Augen ebenso wie Gott Gutes und Böses, Förderliches

> und Abträgliches unterscheiden kann, im selben Augenblick blind wurde für eine andere Unterscheidung: „Wie Gott" geworden, hat er plötzlich keine Fähigkeit mehr für die Erkenntnis dessen, was Gott und Mensch voneinander unterscheidet. Sehend geworden, wurde Adam blind für die Beschaffenheit seines Verhältnisses zu Gott. Seither kann Adam nicht mehr unterscheiden zwischen seinem eigenen Bereich und Wesen einerseits, Gottes Bereich und Wesen andererseits; zwischen dem, was dem Menschen zu tun obliegt und möglich ist, und dem was Gott obliegt und möglich ist. Mit dem wirklichen Gewinn der Fähigkeit, zwischen gut und böse zu unterscheiden, ging der Mensch gleichzeitig der Fähigkeit verlustig, seine Grenzen zu erkennen und einzuhalten.[68]

Das Kernproblem des menschlichen Daseins liegt somit in der Unfähigkeit, sich in heilsamer Selbstbegrenzung zu üben, kurz: als *Geschöpf* zu leben. Ohne das Maß des Geschöpflichen wird der Mensch maßlos, er verlernt es, mit Grenzen zu leben.[69] Zu diesen Grenzen gehört auch der Tod, der freilich nach biblischem Zeugnis ein zweideutiges Gesicht hat. Er ist zum einen ein „Freund" des Menschen, weil er das Tor des Übergangs in das ewige Leben ist. Der Tod begrenzt das irdische Leben, womit jeder Tag des Daseins hier auf der Erde sein volles Gewicht bekommt. Unsere Tage sind gezählt, sie sind begrenzt und gerade deshalb wertvoll, weil sie sich nicht vermehren lassen (Ps 139,16).

Zugleich ist der Tod jedoch Feind Gottes, des Schöpfers, weil er das Wunder des Lebens zerstört. Für Paulus gibt es einen engen Zusammenhang von Sünde und Tod: „Der Sünde Sold ist der Tod, die Gabe Gottes aber das ewige Leben in Jesus Christus" (Röm 6,23). Sünde und Tod sind nicht voneinander zu trennen, weil die Todesbedrohung sich wie ein Schatten über das Leben des von Gott getrennten Menschen legt. Jesus bestätigte den lebensfeindlichen Charakter des Todes, indem er Kranke heilte, Dämonen austrieb und Tote ins Leben zurückrief. Darin wird deutlich: Der Tod ist eine gottfeindliche Macht, weil Gott die Quelle des Lebens ist, von der die Sünde den Menschen scheidet.

Daher kommt dem Tod und der Auferstehung Jesu besondere Bedeutung für das Verständnis des Todes zu. Jesus nimmt die Sünde der Menschheit auf sich und stirbt den Tod des Gottlosen. Der Vater erleidet den Verlust des Sohnes, der Sohn erleidet die Abwesenheit des Vaters, und doch wird gerade darin der Tod als den Menschen von Gott trennende Macht besiegt.[70] Weil Jesus die äußerste Gottverlassenheit durchlitten hat, muss kein Mensch in Gottverlassenheit sterben. Weil Gott durch seinen Geist den Sohn auferweckt hat, kann selbst der leibliche Tod alle, die in Gemeinschaft mit Christus sterben, nicht mehr von Gott trennen. Vielmehr haben sie Teil an dem unvergänglichen Leben, das Jesus Christus durch seinen Tod und seine Auferstehung ans Licht gebracht hat (2Tim 1,10). Wenn auch Christen noch sterben, dann fallen sie damit nicht aus der Gemeinschaft mit dem Auferstandenen hinaus, sondern gehen ihrer Auferweckung von den Toten entgegen. Das ewige Leben ist ihnen Gewissheit, weil Gott den Tod als letzten Feind vernichten wird (1Kor 15,26) und deshalb wird es in der neuen Welt Gottes weder Leid noch Schmerz noch Tod geben (Offb 21,4).

Welches Licht fällt von diesen Grundeinsichten her auf die Logik und die Praxis der Organspende? Wer sein irdisches, endliches Leben im Horizont der Ewigkeit lebt, der wird gleichermaßen frei von Lebensverachtung und Lebensvergötterung. In Jesus Christus finden Christen Mitte und Maß des Lebens. Dietrich Bonhoeffer hat es so ausgedrückt:

> Wo aber erkannt wird, daß die Macht des Todes gebrochen ist, wo das Wunder der Auferstehung und des neuen Lebens mitten in die Todeswelt hineinleuchtet, dort verlangt man vom Leben keine Ewigkeiten, dort nimmt man vom Leben, was es gibt, nicht Alles oder Nichts, sondern Gutes und Böses, Wichtiges und Unwichtiges, Freude und Schmerz, dort hält man das Leben nicht krampfhaft fest, aber man wirft es auch nicht leichtsinnig fort, dort begnügt man sich mit der bemessenen Zeit und spricht nicht irdischen Dingen Ewigkeit zu, dort läßt man dem Tod das begrenzte Recht, das er noch hat. Den neuen Menschen und die neue Welt aber erwartet man allein von jenseits des Todes her, von der Macht, die den Tod überwunden hat.[71]

Diese Perspektive hat Konsequenzen für den Umgang mit Leiden und Tod. Die Gabe des Lebens zu achten schließt ein, das Leben nicht leichtfertig wegzuwerfen, also auch die Möglichkeiten der Medizin in Anspruch zu nehmen. Zugleich ermöglicht der Glaube aber auch, von den Heilserwartungen an die moderne Medizin frei zu werden, von denen die Gesellschaft bestimmt wird. Wer ins ewige Leben hineinstirbt, der muss das irdische Leben nicht um jeden Preis festhalten, sondern kann loslassen, weil er nicht verliert, was er loslässt, sondern es als ewiges Leben wieder empfängt.

Dies ist keine billige Vertröstung, sondern eine Perspektive, die Druck aus der Diskussion nimmt. Sie hilft zu erkennen, dass das irdische Leben ein hohes, aber nicht das höchste Gut ist, und dass die Organspende ihren Ort in der Lebens- und Beziehungsgeschichte eines Menschen haben kann, aber nicht muss. Die Bereitschaft, Organe zu spenden oder auch sich für ein Spenderorgan auf die Warteliste setzen zu lassen, muss aus der freien Einwilligung hervorgehen, weder das eine noch das andere kann einem Menschen abverlangt werden. Das Prinzip der Freiwilligkeit ist grundlegend dafür, um überhaupt von Organ*spende* sprechen zu können. Soll der Gabe-Charakter von Organverpflanzungen bewahrt werden, dann muss bei allem gesellschaftlichen Bemühen darum, die Zahl der Organtransplantationen zu erhöhen, darauf geachtet werden, dass die informierte Zustimmung Voraussetzung für die Entnahme von Organen bleibt. Zu diskutieren wäre, ob dabei die Entscheidungskomponente gestärkt werden soll, indem z. B. bei Anmeldung eines Wohnsitzes auf dem Bürgeramt eine Entscheidung für oder gegen die Organspende getroffen wird, wobei die Möglichkeit bestehen muss, diesen Eintrag jederzeit ändern zu können.

Absolute Selbstbestimmung?
Warum Familienbeziehungen zählen

In der Diskussion zur Organspende lautet der wiederkehrende Appell: „Du musst dich entscheiden." Das ist auch richtig so, wenn das Prinzip der Freiwilligkeit praktisch werden soll. Begründet wird dieses Prinzip fast durchweg mit dem Grundsatz der Selbstbestimmung (Autonomie) des Menschen. Auf diesen Grundsatz baut die gesamte liberale Gesellschaftsordnung auf. Er soll zur Geltung bringen, dass kein Mensch gänzlich für fremdnützige Interessen, also z. B. die Lebenspräferenz anderer Menschen, verzweckt werden darf. Ein Mensch darf nicht so behandelt werden, als sei er *nur* „gut für etwas" bzw. *nur* „nützlich für andere". Daher kann es keine Pflicht zur Organspende geben, sondern nur die Bereitschaft, sich in freiem Entschluss und informierter Entscheidung als potenzieller Organspender zur Verfügung zu stellen.

Die Rede vom selbstbestimmten Leben weist also die Vorstellung zurück, dass der Mensch anderen schutzlos ausgeliefert werden dürfe. Damit ist Wichtiges, aber keinesfalls schon alles gesagt, was die Selbstbestimmung ausmacht. Denn kein Mensch ist für sich allein, Menschsein vollzieht sich in Beziehungen, wenn es sich auch nicht immer um gelingende Beziehungen handelt. Das „Selbst" in der Selbstbestimmung ist kein punktförmiges, isoliertes Ich, sondern ist der Mensch in seinen Beziehungen, die seinem Leben die konkrete Gestalt geben. Dazu gehören vor allem die Beziehungen zu den nächsten Angehörigen: Ehepartner, Eltern, Kinder, Geschwister. Wenn wir mit ihnen schon über Alltägliches im Gespräch sind, dann leuchtet nicht ein, warum nicht auch das wichtige Thema Organspende besprochen werden sollte. Die Überlegungen zu dieser Frage sollten auf jeden Fall die nächsten Angehörigen einschließen, werden sie es doch (mutmaßlich) sein, die mit dem Tod des Familienmitglieds, das vor ihnen verstirbt, werden umgehen müssen. Wir sollten sie daher nicht vor vollendete Tatsachen stellen, sondern darüber sprechen, wie ein unerwarteter Abschied für die Beteiligten gestaltet werden soll, weil die mögliche Organtransplantation definitiv Teil des Abschiedsgeschehens wäre. Eine selbstbestimmte Entscheidung bezeichnet also die Entscheidung eines Menschen mit einer Lebensgeschichte, die neben ihm selbst weitere (wichtige) Akteure kennt.

Wichtig ist es, sich die bereits erwähnten Umstände der Organtransplantation zu verdeutlichen: „Eine beabsichtigte Organentnahme verhindert die Sterbebegleitung bis zu einem ‚natürlichen' Ende des Lebens und sinnlich eindeutigen Todeszeichen des Körpers und – in der Regel – ein dem folgendes Abschiednehmen."[72] Normalerweise kehrt am Bett eines Verstorbenen Ruhe ein. „Nicht so bei einem hirntoten Menschen, der als Organspender vorgesehen ist. Ärzte und Pfleger intensivieren sogar ihre Bemühungen um ihn. Der Spender wird regelmäßig umgelagert, die Augen werden feucht gehalten, Zähne und Mundhöhle gereinigt, die Atemwege abgesaugt, Temperatur, Blutdruck und zahlreiche Laborparameter kontrolliert. All diese Maßnahmen haben jedoch allein das Ziel, die Organe zu erhalten."[73] Weil jeder Mensch die letzte Phase seines Lebens nur ein einziges Mal zurücklegt, deshalb kann die Unterbrechung der Sterbebegleitung und des Abschiednehmens von einem geliebten Menschen den Angehörigen nicht von Gesetzes wegen verordnet werden. Wer für sich die Bereitschaft zur Organspende dokumentiert, sollte mit seinen Angehörigen auch über diesen Aspekt ihrer Beziehung im Sterbeprozess sprechen. Es verlangt höchste Achtung vor der Bereitschaft von Angehörigen, sich im Abschiednehmen vom Angehörigen trennen zu lassen, damit ihm zugunsten unbekannter Dritter Organe entnommen werden können.

Angehörige, die potenzielle Organspender auf der letzten Wegstrecke begleiten, müssen – wie auch das medizinische Personal und die Pflegekräfte – damit umgehen, dass sie am Hirntoten Anzeichen von Leben wahrnehmen können, dagegen wesentliche Anzeichen des eingetretenen Todes fehlen. Der Eindruck, dass der Hirntote lebt, wird durch die aufwendige Pflege, die ihm zuteilwird, noch verstärkt, wobei es auch für die Pflegepersonen irritierend ist, dass sie einen „Toten" zunächst wie einen Schwerkranken pflegen sollen, während ihm nach der Explantation keine pflegerische Zuwendung mehr zugedacht wird. Hier hilft es, mit Ralf Stöcker von einem Übergang zwischen Leben und Tod zu sprechen, bei dem es entscheidend darauf ankommt anzuerkennen, dass ein Mensch hier den Lebenden bereits entzogen ist und mit ihm doch nicht wie mit einem Toten umgegangen wird. Gleichwohl geben Angehörige an, dass sie die Aufspaltung des Todes als belastend erlebt haben, insofern sie sich mit dem Tod in dreifacher Gestalt konfrontiert sehen. Da ist

1. Der Hirntod, den sie [die Angehörigen] als Tod verstehen, nicht aber in der Konfrontation mit dem „lebendigen Leichnam" als tatsächlichen Tod nachempfinden können […]
2. Der tatsächliche Tod nach der Organentnahme, wenn über die Leiche erfahrbar wird, dass kein Leben mehr im Körper des Verwandten ist.
3. Der endgültige Tod, wenn auch die entnommenen Organe ihre Funktion im Körper des Organempfängers eingestellt haben […], von dem sie aber nie wissen, ob und wann er eingetreten ist.[74]

Diese Aufspaltung des Todes ist nur unter den Bedingungen der klinischen Apparatemedizin überhaupt möglich. Mancher wird sie auszuhalten bereit sein im Wissen darum, dass die entnommenen Organe in anderen Menschen ihre lebenswichtige Funktion erfüllen. Aber niemandem kann dies als eine Pflicht abverlangt werden und wer die Organspende für sich in Betracht zieht, sollte mit seinen nächsten Angehörigen über diesen Punkt sprechen.

Im besten Fall ist die Frage der Bereitschaft zur Organspende vorab besprochen, dokumentiert und somit den Angehörigen bekannt. Ist dies nicht der Fall, müssen sich die Angehörigen im zeitlich unmittelbaren Umfeld der Übermittlung der Todesnachricht bzw. der Begleitung des Schwerstkranken mit der Frage auseinandersetzen. Die Schock- bzw. intensive Trauerphase ist jedoch kein günstiges Zeitfenster, um nach dem mutmaßlichen Willen des Verstorbenen zu forschen und sich ein Urteil dazu zu bilden.

Ende gut – alles gut? Der Ausgang des irdischen Lebens in der Perspektive christlicher Ethik

Wir haben die Argumente kennengelernt, die für und gegen die philosophische Gültigkeit sowie die medizinische Verlässlichkeit der Hirntodfeststellung vorgebracht werden. Aus christlich-ethischer Sicht soll nun gefragt werden, welche Ansprüche grundsätzlich an eine medizinische Diagnostik zu stellen sind und wie die intensivmedizinisch-apparativ aufrechterhaltene Lebensfunktionen beim Hirntoten vom christlichen Menschenbild her zu interpretieren sind. Am Ende steht ein Vorschlag, wie die Kategorien „tot" und „lebendig" auf das mit der Aufspaltung des Todes gestellte Problem bezogen werden können.

Welche Anforderungen lassen sich an die Sicherheit einer medizinischen Diagnose stellen? Von der Medizin kann, zumal in Fragen von Leben und Tod, verlangt werden, dass die höchstmöglichen Standards angelegt werden. Das muss auch der Anspruch an die Hirntoddiagnostik sein. Allerdings gibt es in wissenschaftlichen Aussagen, zumal bei solchen, die den Menschen betreffen, keine absolute Sicherheit. Zweifel sind immer möglich.[75] Sie sind Ausgangspunkt weiterer Erkenntnisfortschritte, die es sonst nicht gäbe. Im Blick auf die Hirntoddiagnostik ist damit die Erwartung zu verbinden, dass sie im Einklang mit neueren Erkenntnisfortschritten beständig weiterentwickelt wird. Hier ist vor allem an den Einsatz technisch-bildgebender Verfahren zu denken, die es ermöglichen, Hirnaktivitäten noch zuverlässiger festzustellen. Zu diesen Verfahren gehören die Magnetresonanztomografie und die Positronen-Emissions-Tomografie, die aber noch nicht zum Standard der Hirntoddiagnostik gehören.

Außerdem ist zu fragen, was genau die Hirntoddiagnostik leisten kann und was nicht. Die Diagnose bezieht sich allein auf messbare Phänomene: Reflexe und Hirnströme zum Beispiel. Die Frage, ob bei festgestelltem Hirntod bzw. irreversiblen Hirnversagen noch ein Restbewusstsein vorhanden ist, ist letztlich eine philosophische Frage, die nicht mittels medizinischer Diagnostik beantwortet werden kann. Das Bewusstsein selbst ist nicht messbar, feststellbar sind nur Anzeichen von Bewusstsein. Die Hirntoddiagnostik prüft, ob ein irreversibler Hirnfunktionsausfall vorliegt und daher auch das Schmerzempfinden erloschen ist. Nur dies lässt sich medizinisch feststellen. Daher sollte der Hirntoddiagnostik nur abverlangt werden, was zu leisten sie im Stande ist.

Auch der Hinweis auf mögliches menschliches Fehlverhalten greift nur bedingt: Die Irrtumsfähigkeit gehört zum Wesen menschlicher Freiheit. Wo immer ich mich anderen Menschen – vom Piloten bis zum Bäcker – anvertraue, braucht es einen Vertrauensvorschuss darauf, dass der andere strikt nach den höchsten Regeln seiner jeweiligen Profession verfährt. Weniger sollte nicht, mehr kann einfach nicht erwartet werden. Auch bei einem Menschen, der zu Hause oder im Pflegeheim an Herz-Kreislauf-Versagen verstirbt, muss der Tod ärztlich festgestellt werden. In diesen Fällen kommt dem Arzt freilich zugute, dass seine Todesfeststellung mit der Wahrnehmung der Angehörigen (die das Erkalten des Körpers wahrnehmen) übereinstimmt.

Dass die Diskussion um die Gültigkeit des Hirntodkriteriums so heftig geführt wird, hat viel damit zu tun, dass das Kriterium als Basis der Todesfeststellung auf die bereits erwähnte Stellungnahme des Harvard-Komitees zurückgeht. Der Text ist wegen seiner von Nützlichkeitserwägungen durchzogenen Argumentation durchaus geeignet, Misstrauen zu wecken. Einige Formulierungen legen den Eindruck nahe, einen schwerstkranken Menschen für tot zu erklären, ermögliche es anderen Kranken, die mitten im Leben stehen, eine angemessene Behandlung zu erhalten. Dies wäre allerdings Ausdruck eines den Menschen in seiner unverlierbaren Würde missachtenden Denkens. Doch zu erklären, unter welchen Umständen etwas entdeckt, erfunden oder erstmalig beschrieben wurde, wie es mit Hinweis auf die genannte Stellungnahme geschieht, erlaubt noch kein letztgültiges *moralisches* Urteil zur Sache. So werden bis heute Medikamente verschrieben, deren Wirksamkeit unter Bedingungen getestet wurde, die aus heutiger Sicht die Menschwürde der Probanden verletzt haben. Die Verwendung solcher Medikamente rechtfertigt nicht nachträglich ihre problematische Herkunftsgeschichte. Mit ihrer Verwendung wird lediglich anerkannt, dass sich das Rad der Geschichte nicht auf den Zeitpunkt vor Entdeckung des Medikaments zurückdrehen lässt und es daher unverantwortlich wäre, ein wirksames Medikament Patienten vorzuenthalten.

Es bleibt die Frage, ob die Vorstellung vom Gehirn als zentraler Steuerungsinstanz des menschlichen Organismus überzeugt. Meines Erachtens ist so viel deutlich: Der irreversible Ausfall des Gehirns führt in kürzester Zeit zum Tod des Menschen. Der Hirntod markiert den Punkt, an dem der Organismus die Fähigkeit verliert, sein eigenes Funktionieren aufrechtzuerhalten. Beim Menschen, der abseits intensivmedizinischer Behandlung stirbt, ist das auch heute noch so. Die Intensivmedizin schafft jedoch einen neuen Sachverhalt: Lebenserhaltende Maßnahmen ermöglichen es, zum Zweck der Hirntoddiagnostik und einer möglichen Organtransplantation das Eintreten der Todeskennzeichen zu verzögern. Erst unter dieser Voraussetzung wird die Todesfeststellung zum Problem: Ein Mensch wird für hirntot erklärt, zeigt aber, angeschlossen an Apparate, Lebenskennzeichen. Ist dieser Mensch sich seiner selbst bewusst? Diese Frage kann die Hirntoddiagnostik nicht beantworten, sie kann lediglich nach messbaren Anzeichen dafür suchen, dass in diesem Leib noch Leben ist.

Die Bibel versteht den Menschen freilich nie nur als Leib, sondern in der Einheit von Leib und Seele, wobei das Gehirn dem Leib zugehört. Vor diesem Hintergrund kann gesagt werden, dass der Tod des Menschen nicht im Ausfallen des Gehirns aufgeht, auch wenn dieser Ausfall unvermeidlich zum Tod dazugehört. Doch ist damit immer nur die für andere Menschen beschreibbare „Außenseite" des Sterbens bezeichnet, während der Tod nach christlicher Überzeugung den Übergang in eine neue Daseinsweise bezeichnet, der sich der menschlichen Beobachtung entzieht.

Und doch hat die Theologie Entscheidendes – und entscheidend Tröstliches – zum Ausgang des irdischen Lebens zu sagen. Eine durch die Jahrhunderte überlieferte Sicht ließe sich so formulieren: „Durch den Tod wird die Seele vom Leib getrennt; in der Auferstehung aber wird Gott unserem verwandelten Leib das unvergängliche Leben geben, indem er ihn wieder mit der Seele vereint. Wie Christus auferstanden ist und immerdar lebt, so werden wir alle am Letzten Tag auferstehen."[76] Darauf bezieht sich die Hoffnung der Christen. Diese Aussage darf jedoch nicht so verstanden werden, als ob der Tod nur den Leib und nicht den ganzen Menschen betrifft, denn nach biblischem Zeugnis *hat* der Mensch keine Seele, er *ist* Seele, er *ist* Leib, kurz: beseelter, lebendiger Leib. Der Tod durchtrennt das Beziehungsgeflecht, das andere Menschen mit dem Verstorbenen als leiblich gegenwärtig verbunden hat. Er vermag aber nicht die Beziehung zu durchtrennen, die Gott als Schöpfer zu jedem Menschen, ob Christ oder Nichtchrist, hat. In der Auferstehung der Toten beginnt Gott also mit einem Menschen nicht noch einmal ganz neu, sondern er verwandelt bzw. vollendet dessen Existenz. Insofern meint die überlieferte Rede von der Unsterblichkeit der Seele, dass die Lebendigkeit und Identität eines Menschen über den Tod hinaus bewahrt bleiben.

Der Apostel Paulus formuliert vor diesem Hintergrund die Gewissheit, dass „weder Tod noch Leben, weder Engel noch Mächte noch Gewalten, weder Gegenwärtiges noch Zukünftiges, weder Hohes noch Tiefes noch irgendeine andere Kreatur uns scheiden kann von der Liebe Gottes, die in Christus Jesus ist, unserm Herrn“ (Röm 8,38f.). Das bedeutet auch: Es gibt keine Phase des Lebens und des Sterbens, in der Christen aus der Hand Gottes fallen könnten. Während die moderne Apparatemedizin in der Lage ist, den Tod aufzuspalten, betont die Bibel die Bundesbeziehung Gottes, die das gesamte Dasein des Menschen umgreift. So kann Paulus sagen: „Leben wir, so leben wir dem Herrn; sterben wir, so sterben wir dem Herrn. Darum: Wir leben oder sterben, so sind wir des Herrn“ (Röm 14,8). Ganz auf dieser Linie liegt der Heidelberger Katechismus, der in einer ersten Frage lautet: „Was ist dein einziger Trost im Leben und im Sterben?“ und darauf die Antwort gibt:

> Dass ich mit Leib und Seele im Leben und im Sterben nicht mir, sondern meinem getreuen Heiland Jesus Christus gehöre. Er hat mit seinem teuren Blut für alle meine Sünden vollkommen bezahlt und mich aus aller Gewalt des Teufels erlöst; und er bewahrt mich so, dass ohne den Willen meines Vaters im Himmel kein Haar von meinem Haupt kann fallen, ja, dass mir alles zu meiner Seligkeit dienen muss. Darum macht er mich auch durch seinen Heiligen Geist des ewigen Lebens gewiss und von Herzen willig und bereit, ihm forthin zu leben.[77]

Weil Gott der Herr über Lebende und Tote ist (Röm 14,9), darum verliert das Bemühen um eine scharfe Abgrenzung von Leben und Tod zwar nicht seine Bedeutung, wohl aber seine Schärfe. Anders gesagt: Christen können zu unterschiedlichen Einschätzungen gelangen in der Beurteilung des Zustands eines Organismus, dessen Gehirn irreversibel versagt hat, der aber unter intensivmedizinischer Behandlung weiterhin Lebensanzeichen aufweist. Denn das Evangelium von Jesus Christus stellt diese Beurteilung in den Horizont von Gottes Heilsabsicht: Es ruft zur Umkehr von den bösen Wegen und in die Christus-Nachfolge, damit die Menschen nicht den „zweiten Tod" sterben, also den „geistlichen" Tod, der in Ewigkeit von Gott trennt (Offb 2,11; 21,8). Vor diesem Tod bewahrt allein die Gemeinschaft mit Jesus Christus, in dem die Christen, beschenkt mit Heiligem Geist, bereits hier und jetzt „neue Schöpfung in Jesus Christus" (2Kor 5,17) sind. Die Perspektive der Ewigkeit eröffnet somit neue, verheißungsvolle Horizonte. Was vergänglich ist, soll nicht das letzte Wort haben, „denn dies Verwesliche muss anziehen die Unverweslichkeit, und dies Sterbliche muss anziehen die Unsterblichkeit" (1Kor 15,53). So besteht die Hoffnung der Christen darin, im Leben wie im Sterben in Gott geborgen zu sein und durch den Tod (oder die Verwandlung bei der Wiederkunft Christi) zur Auferstehung der Toten zu gelangen.

Wenn nun auch die Theologie zur *medizinischen* Strittigkeit des Hirntodkriteriums kein verbindliches Urteil zu fällen vermag, kann doch aus rechtlichen und ethischen Gründen die Frage der Todesfeststellung nicht einfach offengelassen werden. In *rechtlicher* Hinsicht markiert die Feststellung des Hirntods die notwendige vordere Grenze für die Entnahme von lebenswichtigen Organen, weil alles andere die Tötung eines Menschen wäre. Die Festlegung auf den Hirntod soll verhindern, „dass Organe schon bei einer unwiderruflich zum Tode führenden Schädigung des Gehirns oder des Herzens entnommen werden, also dann, wenn nur das Großhirn und mit ihm das Bewusstsein ausgefallen sind".[78] Rechtlich braucht es die nach den Regeln ärztlicher Kunst höchstmögliche Sicherheit, dass der Ausfall der Ganzhirnfunktionen irreversibel ist.

In *philosophisch-ethischer* Hinsicht hat der Vorschlag von Ralf Stoecker viel für sich, wonach

> wir aufhören [sollten] zu fragen, ob diese [für hirntot erklärten] Menschen noch leben oder schon tot sind, und akzeptieren, dass man bestenfalls sagen kann, dass sie in einer Hinsicht leben, in anderer Hinsicht tot sind, um dann die eigentlich wichtige Frage zu stellen, was es für unsere moralischen Verpflichtungen ihnen gegenüber bedeutet, dass sie in dieser Hinsicht sind wie Lebende und in jener Hinsicht wie Tote.[79]

Es ist deutlich, dass die Annahme eines dritten Zustands jenseits der Dualität von Leben und Tod der menschlichen Intuition zuwiderläuft. Es handelt sich bei dieser Annahme aber nicht um ein von Lebensfragen losgelöstes Theoriekonstrukt, sondern um den Versuch, mit der Tatsache der intensivmedizinisch möglichen Aufspaltung des Todes umzugehen. Denn nur unter dieser Voraussetzung und begrenzt auf das schmale Zeitfenster zwischen der Diagnose des irreversiblen Hirnversagens und dem Abschalten der intensivmedizinischen Apparate lassen sich Aussagen treffen wie diese: Dieser Mensch ist in *der* Hinsicht tot, dass ohne die Ersetzung der Gehirnfunktion durch externe Apparate an ihm keine Lebenszeichen mehr wahrnehmbar wären, weil der Organismus seine Funktionen nicht mehr länger selbst aufrechterhalten kann. Zugleich ist er in *der* Hinsicht lebendig, als er aufgrund der Apparate Lebenskennzeichen aufweist und die am Leben erhaltenen Organe seines Körpers nach Transplantation in einem anderen Organismus weiterhin lebensfähig sind.

Die Regel, wonach lebenswichtige Organe nur Toten entnommen werden dürfen, wäre damit nicht aufgehoben und sie sollte auch verbindlich bleiben.[80] Denn in der gerade genannten Hinsicht ist dieser Mensch tatsächlich tot. Daraus folgt, dass die Entnahme lebenswichtiger Organe nach der Feststellung des Hirntods nicht als Tötung gewertet werden sollte, denn wer nicht mehr am Leben ist, kann nicht getötet werden. Die Aussage, dass der in einer Hinsicht (hirn-)tote Mensch in anderer Hinsicht noch lebt, soll das zunächst Gesagte nicht infrage stellen, sondern bezieht sich zum einen darauf, dass kraft medizinischer Intervention Organe eines Toten lebensfähig erhalten werden können, zum anderen auf die Konsequenzen für den Umgang mit diesem Menschen.

Weil die für hirntot erklärten Personen Anzeichen aufweisen, die eindeutig zum Leben gehören, ist ihnen mit dem Respekt und der Achtsamkeit zu begegnen, wie sie die Menschenwürde gebietet. Die Würde des Menschen endet also nicht mit dem Augenblick, in dem Mediziner einen Patienten für hirntot erklären. Vielmehr kommt dem Menschen Würde zu, solange es ihn *gibt*, und damit über die Hirntodfeststellung hinaus. Ralf Stoecker führt dazu aus:

> Was mit dem Leben endet, ist nicht der Anspruch eines Menschen auf Respekt und Anstand, sondern der Spielraum an Möglichkeiten, dem Menschen mit Respekt oder respektlos zu begegnen, ihn also entweder anständig oder unanständig zu behandeln.[81]

Die Achtung der Würde des Menschen, also seines Anrechts darauf, in seinem Menschsein geachtet zu werden, legt nahe, mit Eingriffen in diese Phase der skizzierten Überschneidung von Leben und Tod sehr zurückhaltend zu sein und sie nur zugunsten eines anderen sehr hohen Gutes zu unternehmen. Weil es sich aber beim Leben des Menschen um ein hohes (wenn auch nach christlicher Überzeugung nicht das höchste) Gut handelt, ist damit die Organentnahme nicht ausgeschlossen. Im Umgang mit dem „Hirntoten“ sollte jedoch alles vermieden werden, was den Eindruck einer Verdinglichung erweckt – dass also mit ihm umgegangen würde wie mit einer Sache. Insofern ist der würdevolle Umgang mit ihm in der Phase der Vorbereitung auf die Organtransplantation – und darüber hinaus – elementar wichtig. Auch sollte alles Mögliche getan werden, um den Angehörigen den Zugang zu dem für tot Erklärten zu gewähren und den Abschied zu erleichtern.

Was können Christen tun, die Zweifel an der Gültigkeit des Hirntodkriteriums haben? Muss daraus die generelle Ablehnung der Organspende folgen, weil sie befürchten, mit einem Organspendeausweis faktisch einer Tötung auf Verlangen durch Entnahme lebenswichtiger Organe zuzustimmen? Wenn sich der Einwand vornehmlich auf das Hirntodkriterium bezieht, dann kommt immer noch die Einwilligung in eine *eingeschränkte* Organentnahme in Betracht. Denn wer das Hirntodkriterium ablehnt, kann die Erlaubnis zur Entnahme nicht lebensnotwendiger Organe (also einer Niere, Teile der Leber oder der Hornhaut) dokumentieren.[82] Auch die Gewebespende wäre von der Ablehnung des Hirntodkriteriums nicht unmittelbar berührt. Der im Scheckkartenformat ausgegebene Organspendeausweis bietet allerdings nur wenig Platz für differenzierte Bestimmungen, die über ein Ja oder Nein zur Organ- und Gewebespende hinausgehen. Detaillierte Verfügungen sollten daher gegebenenfalls auf einem gesonderten Blatt getroffen werden, das dann mit dem Organspendeausweis zusammengeheftet (und bei sich getragen) wird.

Antwort auf Gottes Zuwendung geben: Ist der Organempfänger mein Nächster?

Viele Christen sind davon überzeugt, dass „die Organspende eine Möglichkeit darstellen kann, wie jemand das empfangene Geschenk des Lebens und die erfahrene Zuwendung Gottes anderen weiterschenken kann".[83] So verstanden handelt es sich bei der Organspende um ein Zeichen der Nächstenliebe. Doch kann es sich im Rahmen eines anonymen Verfahrens, in dem Spender und Organempfänger in keinem persönlichen Näheverhältnis zueinander stehen, überhaupt um Nächstenliebe handeln?[84]

In der Bibel wird der Ausdruck „Nächster" einerseits in einem ethnisch begrenzten und andererseits in einem prinzipiell nicht eingrenzbaren Sinn verwendet. In ethnisch begrenzter Verwendung bezieht er sich auf den Nachbarn (im Hebräischen die Grundbedeutung des Wortes „rea"), einen Angehörigen des eigenen Volkes, jedenfalls auf eine nahestehende Person. Im Zusammenhang des Gebotes der Nächstenliebe ist der Nächste jedoch weiter gefasst, weil das Gebot gerade nicht eingrenzend verstanden werden soll, nach dem Motto: Nur wer dir (aktuell) nahesteht, den sollst du lieben. Dass weder im Alten noch im Neuen Testament geboten wird, den „Fernsten" zu lieben, „ist hauptsächlich vor dem Hintergrund des im Verhältnis zur Moderne sehr engen Rahmens der sozialen Beziehungen in der Antike zu erklären".[85]

In den Evangelien wird deutlich, dass der Nächste, dem Zuwendung und Hilfe zuteilwerden sollen, mir zumindest emotional nicht nahestehen muss, im Gegenteil: Dieser Mensch kann mein Feind sein, weshalb Jesus das Gebot der Nächsten- auf das der Feindesliebe zuspitzt (Mt 5,44). Überhaupt leitet Jesus einen Perspektivenwechsel ein. Dem Gleichnis vom barmherzigen Samariter zufolge lautet die entscheidende Frage nicht, wer mein Nächster ist, sondern wer *mir* zum Nächsten *wird.* Und diese Frage kann nicht durch Vorfestlegungen entschieden werden. Es wäre eine Engführung des Textes, das Erzählmoment, wonach sich der Samariter und der unter die Räuber gefallene Jude physisch begegnen, für die Nächstenliebe normativ machen zu wollen. Die Pointe des Gleichnisses liegt doch gerade darin, dass ich prinzipiell nicht vorab wissen kann, wer mir zum Nächsten werden, wer also meine helfende Zuwendung, in welcher

Form auch immer, in Anspruch nehmen wird. Zwar hat jeder Mensch unmittelbare ethische Verpflichtungen gegenüber seinen nächsten Angehörigen, wie der beziehungszentrierte Ansatz dieses Buches es auch voraussetzt. Doch lässt sich der Kreis derer, die in einer bestimmten *Situation* meiner Hilfe bedürfen, denen ich also zum Nächsten *werde*, niemals prinzipiell begrenzen. Vielmehr tun Christen im Dienst an den „geringsten Brüdern" ihrem Herrn Jesus Christus selbst einen Dienst (Mt 25,40). Dabei kennt Paulus zwar eine *Vorordnung* der Glaubensgeschwister vor allen Menschen (vgl. Gal 6,10), doch ist selbst bei der Liebe unter den Christen unerheblich, ob bei der Hilfeleistung ein persönliches Näheverhältnis gegeben ist oder nicht, wie die Sammlung einer Opfergabe in den Gemeinden zugunsten der Jerusalemer Gemeinde zeigt (vgl. Röm 15,26).[86] Nächstenliebe bedeutet also nicht, die „Beschränkung der Verantwortung auf den räumlich, bürgerlich, beruflich, familiär Nächsten, der mir begegnet", stellt Bonhoeffer fest und fährt fort: „Der Nächste kann gerade im Fernsten und der Fernste mein Nächster sein."[87] Mehr noch: Weil im „Letzten und Tiefsten [...] Jesus selber der Nächste für jeden Menschen"[88] ist, darum lautet die entscheidende Frage, wie nahe ich mir Menschen in Not um Christi willen kommen lasse, und nicht, ob ich sie je von Angesicht zu Angesicht getroffen habe. Die Bereitschaft zur Organspende lässt sich somit als möglicher Ausdruck, dem Gebot der Nächstenliebe Folge zu leisten, verstehen.

Um die Organspende zu befürworten, muss man das Leben von Organempfängern nicht so einseitig positiv zeichnen, wie es in den Materialien der BzgA geschieht. Denn Betroffene erleben es als durchaus herausfordernd, ein fremdes Organ in ihrem Körper zu integrieren. Sie müssen ein Leben lang Medikamente einnehmen, die ihre Immunabwehr unterdrücken, was sie anfälliger für Krankheiten macht. Die tägliche Medikamenteneinnahme erinnert an die Abwehr der Todesbedrohung und die allgegenwärtige Bedrohung durch Folgeerkrankungen. Der Eingriff der Organimplantation führt zudem zu spürbaren Veränderungen in der Körperwahrnehmung, da z. B. Nierentransplantate nicht an der Stelle der originären Niere, sondern unterhalb der Bauchoberdecke implantiert werden und weil z. B. ein gespendetes Herz in den Blutkreislauf, nicht aber in das Nervensystem integriert wird, daher anders schlägt als das frühere Herz. Wer z. B. verliebt ist oder Angst empfindet, dessen Spenderherz schlägt nicht unbedingt schneller. Und doch beschreiben Organempfänger ungeachtet aller Einschränkungen, unter denen sie ihr Leben führen, die Organspende als Geschenk eines neuen Lebens, das sie in der Regel nicht missen möchten.

Für Christen lässt sich die Praxis der Nächstenliebe nicht aus dem Gottesverhältnis herauslösen, sondern bleibt darauf bezogen. Von diesem Grund aus ist die Bereitschaft zur Organspende eine Form der Antwort auf die versöhnende Lebenshingabe Jesu für die Menschen. Allein seine Lebenshingabe hat von der Sünde errettenden Charakter, keine menschliche Tat kann an die Stelle der Versöhnung treten. Folglich darf die Bereitschaft zur Organspende – theologisch gesprochen – nicht als Gesetz gepredigt werden, wo sie allein Ausdruck einer Antwort auf das Evangelium sein kann. Als eine solche Antwort aber ist sie zu würdigen.

Aber lässt sich diese christliche Perspektive auf die Praxis der Organspende durchhalten, wenn man die ihr zugrunde liegende Logik in Betracht zieht? Klaus-Peter Jörns sieht als Problem, dass mit der Vorstellung, Leben weitergeben zu können, das Leben zu etwas Abstraktem wird. Das heißt: Es wird losgelöst von der Person betrachtet und die einzelnen

Organe werden einem Zweckdenken unterworfen, wenn sie daraufhin geprüft werden, ob sie „noch brauchbar" sind.[89] Es ist nicht zu bestreiten, dass sich die Transplantationsmedizin auf diese Logik hin deuten lässt. Aber ist diese Deutung zwingend?

Christen denken im Blick auf ihre leibliche Existenz von der Verwandlung her, die sich an ihnen nach Gottes Verheißung in der Auferstehung von den Toten (1Kor 15,52) vollziehen wird. Wenn Paulus von diesem Geschehen spricht, dann setzt er voraus, dass die Kontinuität der Person gewahrt bleibt (wie auch der auferstandene Jesus für seine Jünger an den Nägel-Malen erkennbar war, er aber im Unterschied zu ihnen durch verschlossene Türen gehen konnte). Doch das hebt die *Unterscheidung* des irdischen vom himmlisch-geistigen Leib nicht auf. So heißt es bei Paulus: „Und was du säst, ist ja nicht der Leib, der werden soll, sondern ein bloßes Korn, sei es von Weizen oder etwas anderem" (1Kor 15,37). Und weiter: „Es wird gesät in Niedrigkeit und wird auferstehen in Herrlichkeit. Es wird gesät in Schwachheit und wird auferstehen in Kraft. Es wird gesät ein natürlicher Leib und wird auferstehen ein geistlicher Leib. Gibt es einen natürlichen Leib, so gibt es auch einen geistlichen Leib" (1Kor 15,43f.). Damit ist gesagt, dass der irdische Mensch in seiner Ganzheit die Ausgangsgestalt (der „Same") des geistigen Leibes ist. Für das Aufgehen des Samens im „geistlichen Leib" ist nicht entscheidend, dass der irdische Leib unversehrt in die Ewigkeit eingeht, sondern dass Gott den Verstorbenen im Dasein hält, ihn also auferweckt. Die Verheißung der „Verwandlung" des Leibes erlaubt es anzuerkennen, dass die Unversehrtheit des sterblichen Leibes keine Bedingung dafür ist, zur Auferstehung von den Toten zu gelangen, was der Organspende Raum gibt.

Verantwortung und Vergebung: Wie können wir mit ethischen Spannungen leben?

Die mit den medizintechnischen Entwicklungen eröffnete Möglichkeit der Organspende stellt Christen wie Nichtchristen vor Entscheidungen, mit denen sich erst wenige Generationen vor uns auseinandersetzen mussten. Beim Treffen ethisch verantwortlicher Entscheidungen wäre manches vielleicht einfacher, wenn die Bibel uns zu jeder neu auftretenden Frage eine direkte Antwort lieferte. Aber die Bibel ersetzt nicht einzelwissenschaftliche Kenntnisse, sondern gibt Orientierungswissen, sie ist Einweisung in ein Leben der Christus-Nachfolge, das uns jedoch nicht aus den Spannungen dieser Welt heraushebt.

So bietet der christliche Glaube nicht auf jede sich in diesem Zusammenhang stellende Frage (wie z. B. die nach dem Hirntodkriterium) eine Antwort, er stellt diese Fragen aber in den Zusammenhang des Bekenntnisses zu Gott als Schöpfer und Erhalter, als Versöhner und Erlöser. Das bedeutet ganz grundsätzlich: Das Wissen darum, dass jeder Mensch auf die Vergebung durch Jesus Christus angewiesen ist, befreit von der selbstgerechten Vorstellung, sich in jeder ethischen Konfliktlage mit reinem Gewissen aus der Affäre ziehen zu können. Verantwortliches Handeln im Sinne Dietrich Bonhoeffers kann bedeuten, dass der Handelnde schuldig wird und neu der Vergebung bedarf.[90] Hier kommt alles vergebliche Bemühen um Selbstrechtfertigung an sein Ende, Gott allein ist es, der in Jesus Christus rechtfertigt. Was es für die Praxis der Organspende bedeutet, nicht allen daran Beteiligten gerecht werden zu können, bringt eine Betroffene, die mit einem Spenderorgan lebt, so auf den Punkt:

> Ich bin unbesorgt, was den Spender selbst betrifft. [...] ich behaupte, dass ich diesem Menschen und seinen Lebensresten gerecht geworden bin. Aber was ist mit den Angehörigen? Denen, die einen beatmeten Körper als toten Menschen begreifen müssen und auf den wünschenswerten Abschied von diesem geliebten Menschen verzichten, bin ich nicht gerecht geworden. Für sie behält der Hirntod seine Unbegreiflichkeit und Anstößigkeit.[91]

Das Feld der Organspende birgt einige solcher Spannungen, denen Christen nicht ausweichen können, wenn sie verantwortlich vor Gott und dem Nächsten handeln wollen. Die Bibel verheißt nicht, dass Christen in dieser vergehenden Welt ohne Spannungen leben werden, sondern dass sie unter dem Zuspruch der Vergebung Christi verantwortlich handeln sollen und können. Daher sollten Sie das auch tun. Dieses Buch ermöglicht es, eine eigene informierte Entscheidung zu treffen. Bilden Sie sich ein Urteil, sprechen Sie dabei mit Ihren Angehörigen und dokumentieren Sie Ihre Entscheidung. Für diesen Prozess des Nachdenkens und Entscheidens hier noch einige Fragen, die Sie darin leiten können und die vom Allgemeinen zum Konkreten gehen:

1. Was bedeutet es für mich, das Leben als Geschenk aus Gottes Händen empfangen zu haben? Welche Beziehungen, welche Erfahrungen machen mich dankbar? Womit hadere ich?
2. Wie und wo (zu Hause, Hospiz, Krankenhaus) möchte ich sterben (dürfen)? Formulieren Sie, was Sie sich unter einem „guten Sterben“ vorstellen.
3. Welche Menschen werden mich (voraussichtlich) in der

letzten Phase meines Lebens begleiten? Mit wem sollte ich über meine Wünsche sowie meine Überlegungen zum Sterben, zur Beerdigung etc. sprechen?

4. Im Gespräch mit den Angehörigen: Wie wichtig ist es mir:
   a. dass in medizinisch aussichtsloser Lage (genauer: bei aussichtsloser Prognose) die Heilbehandlung eingestellt und lediglich die Schmerzen behandelt werden?
   b. dass mir die Angehörigen in der Sterbephase nahe sein können? Wie würden sie mit Unterbrechungen in der Sterbebegleitung umgehen können?
   c. dass Menschen, die auf ein lebenswichtiges Organ warten, die Chance erhalten, (mit Einschränkungen) weiterzuleben, weil andere Menschen zur Organspende bereit sind?

   Aus der Lektüre dieses Buches wissen Sie, dass Sie Prioritäten setzen müssen, weil sich nicht alle drei Anliegen in gleicher Weise verwirklichen lassen.

4. Welche Überlegungen im Blick auf das – bei der Bereitschaft zur Organspende unvermeidliche – Sterben im *Krankenhaus* beruhigen mich, welche machen mir Sorgen? Vertraue ich dem Hirntodkriterium, genauer: den Ärzten, die die Hirntoddiagnose stellen?
5. Informieren Sie Ihre Angehörigen, wo Sie Ihre Patientenverfügung und ggf. einen Organspendeausweis aufbewahren bzw. ob Sie (eins von beidem oder beides) stets bei sich tragen.

Literatur

Ambuehl, Sandro/Ockenfels, Axel: Die Vorteile einer Entscheidungspflicht, FAZ 2.11.2018, S. 16.

Badenberg, Robert/Koch, Renate: Organspende. Eine Entscheidung für das Leben?, Holzgerlingen 2016.

Becker, Kim Björn: Auf Herz und Nieren, FAZ 14.12.2018, S. 4.

Beckmann, Jan P.: Ethische Herausforderungen der modernen Medizin, Freiburg/München 2012, 231-398.

Beckmann, Jan P./Kirste, Günter, Schreiber, Hans-Ludwig: Organtransplantation. Medizinische, rechtliche und ethische Aspekte, 2. Aufl. Freiburg/München 2012.

Bonhoeffer, Dietrich: Ethik, hg. v. Ilse Tödt u.a., DBW 6, Gütersloh 1998.

Breul, Regina, im Gespräch mit Wolfgang Waldstein: Hirntod – Organspende. Brisant und ehrlich, 2. Aufl. Illertissen 2014.

Christliche Patientenvorsorge. Handreichung und Formular der Deutschen Bischofskonferenz und des Rates der Evangelischen Kirche in Deutschland in Verbindung mit weiteren Mitglieds- und Gastkirchen der Arbeitsgemeinschaft Christlicher Kirchen in Deutschland, aktualisierte Neuauflage 2018.

A Definition of Irreversible Coma. Report of the Ad Hoc Committee of the Harvard Medical School to Examine the Definition of Brain Death, in: Journal of the American Medical Association (JAMA) 205/6 (1968), 337-340.

Denkhaus, Ruth/Dabrock, Peter: Grauzonen zwischen Leben und Tod. Ein Plädoyer für mehr Ehrlichkeit in der Debatte um das Hirntodkriterium, Zeitschrift für medizinische Ethik 58 (2012), 135-148.

Die *deutschen Bischöfe*. Glaubenskommission: Hirntod und Organspende, Bonn 2015.

Deutscher Ethikrat: Hirntod und Entscheidung zur Organspende. Stellungnahme, Berlin 2015.

Eibach, Ulrich: Organspende. Moralische Pflicht und Akt der Nächstenliebe?, Wege zum Menschen 65 (2013), 515-534.

Funk, Rainer: Der entgrenzte Mensch. Warum ein Leben ohne Grenzen nicht frei, sondern abhängig macht, Gütersloh 2011.

Gemeinsame Erklärung Xenotransplantation. Eine Hilfe zur ethischen Urteilsbildung. Vorbereitet von einer Arbeitsgruppe im Auftrag des Kirchenamtes der Evangelischen Kirche in Deutschland und des Sekretariats der Deutschen Bischofskonferenz, Hannover/Bonn 1998.

Germund, Willi: Niere gegen Geld. Wie ich mir auf dem internationalen Markt ein Organ kaufte, Reinsbek bei Hamburg, 2015.

Gestrich, Christof: Die Wiederkehr des Glanzes in der Welt. Die christliche Lehre von der Sünde und ihrer Vergebung in gegenwärtiger Verantwortung, Tübingen 1989.

Hauerwas, Stanley: Religious Concepts of Brain Death and Associated Problems, in: ders.: Suffering Presence. Theological Reflections on Medicine, the Mentally Handicapped, and the Church, Notre Dame, 1986, 87-99.

Heidelberger Katechismus. Revidierte Ausgabe 1997, hrsg. von der Evangelisch-reformierten Kirche, von der Lippischen Landeskirche und vom Reformierten Bund, Neukirchen-Vluyn 1997.

Huber, Wolfgang: Heiligtum oder Ersatzteillager? Die Würde des Menschen wiegt mehr als sein Nutzen, in: Evangelische Kommentare 29 (1996), 131-133.

Jörns, Klaus-Peter: Organtransplantation: eine Anfrage an unser Verständnis von Sterben, Tod und Auferstehung, in: Johannes Hoff, Jürgen in der Schmitten (Hg.): Wann ist der Mensch tot?

Organverpflanzung und „Hirntod“-Kriterium, Reinbek bei Hamburg 1994, 350-384.

Kahl, Antje/Weber, Tim: Zur Konstruktion von Wissen über Organspende unter besonderer Berücksichtigung des Hirntods (I) und (II), in: Andrea M. Esser u. a. (Hg.): Die Krise der Organspende. Anspruch, Analyse und Kritik aktueller Aufklärungsbemühungen im Kontext der postmortalen Organspende in Deutschland, Berlin 2018, 39-69.

Kalitzkus, Vera: Dein Tod, mein Leben. Warum wir Organspenden richtig finden und trotzdem davor zurückschrecken, Frankfurt am Main 2009.

Katechismus der Katholischen Kirche. Neuübersetzung, Oldenburg 2005.

Keller, Martina: Ausgeschlachtet. Die menschliche Leiche als Rohstoff, Berlin 2008.

Dies.: „Ich habe ihn letztlich allein gelassen“, Psychologie heute, April 2009, 63-67.

Dies.: Herz auf Bestellung, DIE ZEIT 7. März 2013, S. 17-19.

Krahe, Susanne/Fincke, Eberhard: Organspende – ein Akt der Nächstenliebe? Pro und Contra Transplantationsmedizin, Würzburg 2013.

Kotsch, Michael: Moderne Medizin & Ethik, Bd. 2, Lage 2009, 115-170.

Kreß, Hartmut: Medizinische Ethik. Gesundheitsschutz – Selbstbestimmungsrechte – heutige Wertekonflikte, 2., vollst. überarb. u. erw. Auflage, Stuttgart 2009.

Machado, Calixto et al.: The Concept of Brain Death Did Not Evolve to Benefit Organ Transplants, in: Journal of Medical Ethics 33 (2007), 197-200.

Moenikes, Ansgar: Art. Liebe/Liebesgebot AT, https://www.bibelwissenschaft.de/stichwort/24991 (zuletzt aufgerufen am 20.12.2018).

Maio, Giovanni: Medizin ohne Maß? Vom Diktat des Machbaren zu einer Ethik der Besonnenheit, Stuttgart 2014, 123-144.

Meilaender, Gilbert: Bioethics. A Primer für Christians. 2nd. edition, Grand Rapids/Cambridge 2005, 84-100.

Moltmann, Jürgen: Der Weg Jesu Christi. Christologie in messianischen Dimensionen, München 1989.

Nationaler Ethikrat: Die Zahl der Organspenden erhöhen – Zu einem drängenden Problem der Transplantationsmedizin in Deutschland. Stellungnahme, Berlin 2007.

Organtransplantation. Erklärung der Deutschen Bischofskonferenz und des Rates der Evangelischen Kirche in Deutschland, Bonn/Hannover 1990.

Potts, M./Evans, D.W.: Does it Matter that Organ Donors Are Not Dead? Ethical and Political Implications, in: Journal of Medical Ethics 31 (2005), 406-409.

Rehbock, Theda: Freiheit oder Leben? Warum die Aufklärung „postmortaler" Organspender so gering geschätzt wird, in: Andrea M. Esser u.a. (Hg.): Die Krise der Organspende. Anspruch, Analyse und Kritik aktueller Aufklärungsbemühungen im Kontext der postmortalen Organspende in Deutschland, Berlin 2018, 161-188.

Rehder, Stefan: Grauzone Hirntod. Organspende verantworten, Augsburg 2010.

Rienecker, Fritz/Maier, Gerhard: Lexikon zur Bibel, 3., akt. Sonderausgabe der neu bearbeiteten Aufl., Wuppertal 2003.

President's Council on Bioethics, Controversies in the Determination of Death. A White Paper, o.O., 2008.

Reuter, Michael: Abschied von Sterben und Tod? Ansprüche und Grenzen der Hirntodtheorie, Stuttgart 2001.

Sahm, Stephan: Die Leerstelle in Spahns Debatte, in: FAZ 30.10.2018, S. 14.

Schockenhoff, Eberhard: Ethik des Lebens, Grundlagen und neue Herausforderungen, Freiburg i. Br. 2009.

ders.: Hirntod, in: Zeitschrift für medizinische Ethik 58 (2012), 117-134.

Schumacher, Thomas: Warum ich nein zur Organspende gesagt habe. Fakten – Motive – Argumente, München 2013.

Staeck, Florian: Warum Spanien ohne die Widerspruchslösung erfolgreich ist, in: Ärzte Zeitung online, 05.11.2018, https://www.aerztezeitung.de/politik_gesellschaft/organspende/article/975345/organspende-spanien-widerspruchsloesung-erfolgreich.html (zuletzt aufgerufen am 19.01.2019).

Stoecker, Ralf: Der Tod als Voraussetzung der Organspende?, in: Zeitschrift für medizinische Ethik 58 (2012), 99-116.

Wils, Jean Pierre: Wann ist der Mensch tot? Medizinisch-ethische Fragen, in: Hans Kessler (Hg.): Auferstehung der Toten. Ein Hoffnungsentwurf im Blick der heutigen Wissenschaften, Darmstadt 2004.

Anmerkungen

1 Vgl. Nationaler Ethikrat, Die Zahl der Organspenden erhöhen.

2 Vgl. Thomas Schumacher, Warum ich nein zur Organspende gesagt habe.

3 Aus Platzgründen habe ich mich dafür entschieden, die Rolle des Arztes nicht tiefer auszuleuchten und mich in dieser Einführung auf Organspender, Angehörige und Organempfänger zu konzentrieren. Zum ärztlichen Ethos vgl. Stefan Rehder, Grauzone Hirntod, 118-134.

4 Bei der ersten Nierenspende handelte es sich um eine Lebendspende zwischen zwei genetisch eng verwandten Zwillingsbrüdern.

5 Vgl. Statistiken zur Organspende, https://www.organspende-info.de/infothek/statistiken (zuletzt aufgerufen am 06.12.2018).

6 Vgl. auch die Gemeinsame Erklärung Xenotransplantation.

7 Richtlinie gemäß § 16 Abs. 1 S. 1 Nr. 1 TPG für die Regeln zur Feststellung des Todes nach § 3 Abs. 1 S. 1 Nr. 2 TPG und die Verfahrensregeln zur Feststellung des endgültigen, nicht behebbaren Ausfalls der Gesamtfunktion des Großhirns, des Kleinhirns und des Hirnstamms nach § 3 Abs. 2 Nr. 2 TPG, Vierte Fortschreibung, in: Deutsches Ärzteblatt, 30. März 2015, S. 1-20.

8 Für den Ablauf einer Organspende in Deutschland vgl. Deutscher Ethikrat, Hirntod, 17-29.

9 Deutsches Referenzzentrum für Ethik in den Biowissenschaften, Hirntodkriterium, http://www.drze.de/im-blickpunkt/

organtransplantation/module/hirntodkriterium (zuletzt aufgerufen am 06.12.2018).

10 Deutscher Ethikrat, Hirntod, 29.

11 Vgl. Über Eurotransplant, https://www.eurotransplant.org/cms/index.php?page=pat_germany (zuletzt aufgerufen am 06.12.2018).

12 Giovanni Maio, Medizin ohne Maß, 129f.

13 Für das Folgende vgl. Stephan Sahm, Die Leerstelle in Spahns Debatte, 14.

14 Christliche Patientenvorsorge, Formular, 6.

15 Vgl. Regina Breul im Gespräch mit Wolfgang Waldstein, Hirntod, 40ff.

16 Ebd., 44.

17 Deutscher Ethikrat, Hirntod, 26.

18 Vgl. Kim Björn Becker, Auf Herz und Nieren, 4.

19 Controversies in the Determination of Death.

20 Vgl. A Definition of Irreversible Coma, 337.

21 Jean Pierre Wils, Wann ist der Mensch tot?, 170.

22 Stellungnahme des Wissenschaftlichen Beirates der Bundesärztekammer: Kriterien des Hirntodes. Entscheidungshilfen zur Feststellung des Hirntodes, in: Deutsches Ärzteblatt 94 (1997), Heft 19, 1296-1298, hier 1297.

23 Deutscher Ethikrat, Hirntod, 72.

24 Eberhard Schockenhoff, Ethik des Lebens, 415.

25 Eberhard Schockenhoff, Hirntod, 127.

26 E. Schockenhoff, Ethik des Lebens, 417.

27 E. Schockenhoff, Hirntod, 123f.

28 Ebd., 123.

29 Jan Beckmann drückt es so aus: „Das Hirntodkonzept besagt nicht, was der Tod ist, wohl aber, welches das medizinisch-wissenschaftlich gesicherte Kriterium für das Ende des menschlichen Lebens in seiner ganzheitlichen Struktur ist. Unter dieser Hinsicht stirbt der Mensch weder am Herz- noch am Hirntod: Er stirbt, wenn die Einheit seines Organismus in seiner Ganzheit unwiderruflich zerbrochen ist", zit. nach E. Schockenhoff, Ethik des Lebens, 418.

30 Deutscher Ethikrat, Hirntod, 84.

31 Ebd., 85f.

32 Gerd Haeffern, zit. nach M. Reuter, Abschied vom Sterben?, 155.

33 Vgl. Thomas Schumacher, Warum ich nein zur Organspende gesagt habe, 92-95.

34 Ruth Denkhaus/Peter Darbrock, Grauzonen zwischen Leben und Tod, 142.

35 Ebd.

36 Wachkomapatienten sind Personen mit schweren oder schwersten Verletzungen des Gehirns, bei denen das Wiedererlangen einer Bewusstseinsstufe, die mit zumindest minimaler Ansprechbarkeit, Reaktions- und Kommunikationsfähigkeit verbunden ist, nicht kategorisch ausgeschlossen werden kann, bei denen also die Kriterien des Hirntods diagnostisch nicht erfüllt sind.

37 Ebd., 144.

38 Vgl. Stefan Rehder, Grauzone Hirntod, der ein Moratorium für Organtransplantationen vorschlägt, bis eine verbesserte Diagnostik zu einer genaueren Todesfeststellung gelangt. Grundsätzlich ablehnend gegenüber der Organspende zeigt sich Michael Kotsch, der seine Diskussion mit folgendem Fazit beschließt: „Entweder wird der Hirntote noch als lebendig angesehen, weil viele Merkmale des Lebens noch vorhanden

sind. Dann käme die Entnahme lebenswichtiger Organe einer Tötung des Patienten gleich. Oder man betrachtet den Hirntoten als wirklich tot, dann sollte man den Körper, die frühere Hülle der Seele, erhalten und sorgsam behandeln. Keinesfalls sollte dann der Körper zerstückelt werden und keinesfalls sollten Organe eines Toten auf einen Lebenden übertragen werden." M. Kotsch, Moderne Medizin und Ethik, 165f.

39 M. Reuter, Abschied von Sterben und Tod, 9 (Kursivschreibungen im Original).

40 Vgl. ebd., 105ff. Für eine historisch differenziertere Bewertung argumentieren Calixto Machado et al.: The Concept of Brain Death Did Not Evolve to Benefit Organ Transplants, in: J Med Ethics 33/4 (2007), 197-200. Für den Hinweis auf diesen Text danke ich Philipp Häde (Gießen).

41 Ebd., 13.

42 Ebd., 153.

43 Ähnlich argumentiert Ralf Stöcker: „So wichtig der Aspekt des Erlebens für unseren Begriff von Leben und Tod ist, so wenig einleuchtend ist, den Verlust psychischen Erlebens mit dem Tod gleichzusetzen. Am deutlichsten ist das bei Wachkomapatienten. Viele Wachkomapatienten sind wochen- oder monatelang bewusstlos, liegen also im Koma, ohne irgendetwas zu erleben. Bei einigen von ihnen gelingt es dann aber doch, sie wieder in ein bewusstes Leben zurückzuführen, während bei anderen die Rehabilitationsmaßnahmen vergeblich sind und sie das Bewusstsein niemals zurückerlangen. Die Ersteren waren offenkundig nicht tot, sondern nur eine Zeit lang tief bewusstlos. Dann aber waren Letztere auch nicht tot, und also kann ein Mensch auch leben, wenn er das Bewusstsein verloren und niemals wiedererlangt hat." Der Tod als Voraussetzung der Organspende, 105.

44 Ebd., 179.

45 Vgl. Stefan Rehder, Grauzone Gehirntod, 50-58.

46 Vgl. Richtlinie gemäß § 16 Abs. 1 S. 1 Nr. 1 TPG für die Regeln zur Feststellung des Todes nach § 3 Abs. 1 S. 1 Nr. 2 TPG und die Verfahrensregeln zur Feststellung des endgültigen, nicht behebbaren Ausfalls der Gesamtfunktion des Großhirns, des Kleinhirns und des Hirnstamms nach § 3 Abs. 2 Nr. 2 TPG Vierte Fortschreibung, in: Deutsches Ärzteblatt 112 (30. März 2015), 1-20.

47 Giovanni Maio, Medizin ohne Maß, 133.

48 Dieter Birnbauer im Deutschlandfunk, https://www.deutschlandfunk.de/dieter-birnbacher-vs-wolfram-hoefling-organspende-reicht.2927.de.html?dram:article_id=431046 (zuletzt aufgerufen am 14.12.2018).

49 Susanne Krahe, in: Susanne Krahe/Eberhard Fincke, Organspende, 85f.

50 Vgl. Martina Keller, Herz auf Bestellung.

51 Vgl. dazu Willi Germund, Niere gegen Geld.

52 Vgl. dazu Martina Keller, Ausgeschlachtet.

53 Vgl. Antje Kahl/Tim Weber, Zur Konstruktion von Wissen über Organspende unter besonderer Berücksichtigung des Hirntods (I) und (II), 39-69.

54 Ebd., 54.

55 Susanne Krahe, in: Susanne Krahe/Eberhard Fincke, Organspende, 34.

56 Ebd., 69. Im Sinne einer sachlichen Aufklärung positiver zu bewerten ist dieser 2017 von der BzgA produzierte Kurzfilm: https://www.youtube.com/watch?v=R85In1wx9Cg (zuletzt aufgerufen am 10.12.2018).

57 Giovanni Maio, Medizin ohne Maß, 127.

58 Ebd., 128.

59 Für die Vergleichszahlen vgl. durchschnittliche Anzahl post-

mortaler Organspender in ausgewählten Ländern weltweit im Jahr 2017 (Spender je Million Einwohner), https://de.statista.com/statistik/daten/studie/226978/umfrage/anzahl-postmortaler-organspender-in-ausgewaehlten-laendern/ (zuletzt aufgerufen am 10.12.2018). Für die Angaben zu den gesetzlichen Bestimmungen vgl. Gesetzliche Regelungen in Europa, https://www.organspende-info.de/infothek/gesetze/europa-regelungen (zuletzt aufgerufen am 10.12.2018).

60 Vgl. Florian Staeck, Warum Spanien ohne die Widerspruchslösung erfolgreich ist.

61 „Ob eine Zunahme der als Organspender eingeteilten Menschen zu einer Zunahme der Organspenden führt, hängt von der Ausgestaltung der Widerspruchsregelung ab, von der Einbeziehung der Hinterbliebenen, dem Umfeld der Krankenhausorganisation sowie von möglichen Verhaltensänderungen von Ärzten in den Krankenhäusern“, Sandro Ambuehl/Axel Ockenfels, Die Vorteile einer Entscheidungspflicht, 16.

62 Kim Björn Becker, Auf Herz und Nieren, 4, der sich auf eine in der Zeitschrift *Anästhesist* erschienene Untersuchung bezieht.

63 Vgl. Gilbert Meilaender, Bioethics, 90.

64 Vgl. Theda Rehbock, Freiheit oder Leben?, 164.

65 Stephan Sahm, Die Leerstelle in Spahns Debatte, 14. Der Bericht nimmt Bezug auf einen in der Zeitschrift Anästhesist erschienenen Aufsatz.

66 Ebd.

67 Giovanni Maio, Medizin ohne Maß, 123.

68 Christof Gestrich, Die Wiederkehr des Glanzes in der Welt, 109.

69 Vgl. Rainer Funk, Der entgrenzte Mensch.

70 Zu diesen Überlegungen vgl. Jürgen Moltmann, Der Weg Jesu Christi, 194ff.

71 Dietrich Bonhoeffer, Ethik, 79.

72 Ulrich Eibach, Organspende, 520.

73 Martina Keller, „Ich habe ihn letztlich allein gelassen", 64.

74 Vera Kalitzkus, Dein Tod, mein Leben, 64.

75 Stefan Rehder urteilt hier restriktiver, wenn er nach Darlegung der Einwände, die gegen das Hirntodkriterium vorgebracht werden, schreibt, „dass den für hirntot erklärten Patienten so lange keine lebenswichtigen Organe mehr entnommen werden dürfen, wie nicht zweifelsfrei geklärt werden kann, dass der für hirntot erklärte Patient auch tatsächlich tot ist." Grauzone Organspende, 151.

76 Diese auch in der evangelischen Theologie bis ins 20. Jahrhundert hinein vertretene, dann aber dort stark problematisierte Auffassung ist hier zitiert nach dem Katechismus der Katholischen Kirche. Neuübersetzung, 291.

77 Heidelberger Katechismus. Revidierte Ausgabe 1997, hg. von der Evangelisch-reformierten Kirche, von der Lippischen Landeskirche und vom Reformierten Bund, Neukirchen-Vluyn 1997, 7.

78 Ulrich Eibach, Moralische Pflicht und Akt der Nächstenliebe, 517.

79 Ralf Stoecker, Der Tod als Voraussetzung der Organspende, 112.

80 Darin liegt m.E. ein wesentlicher Unterschied zum Vorschlag von Peter Dabrock.

81 Ebd., 114.

82 Darauf weist auch Michael Kotsch hin vgl. Moderne Medizin

& Ethik, 117. Allerdings fließt dieser Hinweis nicht in sein die Organspende überhaupt ablehnendes Gesamturteil ein.

83 Die deutschen Bischöfe. Glaubenskommission, Hirntod und Organspende, 28.

84 Das stellen u.a. Robert Badenberg und Renate Koch in Abrede, vgl. Organspende, 67. Von Nächstenliebe ließe sich dann nur bei der Lebendspende zwischen sich persönlich nahestehenden Personen sprechen.

85 J. Fichtner, zit. nach Ansgar Moenikes, Art. Liebe/Liebesgebot AT, https://www.bibelwissenschaft.de/wibilex/das-bibellexikon/lexikon/sachwort/anzeigen/details/liebe-liebesgebot-at/ch/32a9fabd6d354707513f9b5f51bd7724/#h9 (zuletzt aufgerufen am 20.12.2018).

86 Für den in diesem Zusammenhang wichtigen Hinweis auf die Kollekten-Reise des Paulus danke ich meinem Kollegen Armin Baum.

87 Dietrich Bonhoeffer, Ethik, 296.

88 Fritz Rienecker/Gerhard Maier, Lexikon zur Bibel, 1112.

89 Vgl. Klaus-Peter Jörns, Organtransplantation, 350-384.

90 Vgl. Dietrich Bonhoeffer, Ethik, 275ff.

91 Susanne Krahe/Eberhard Fincke, Organspende, 76.

Christoph Raedel

Gender

Von Gender Mainstreaming zur Akzeptanz sexueller Vielfalt

Paperback
240 Seiten
ISBN 978-3-7655-2095-2
auch als E-Book erhältlich

„Geschlecht war gestern, heute gilt Gender.“

Aus dem Einsatz für die Gleichberechtigung von Frauen und Männern ist der Kampf um Gleichstellung und Gleichbehandlung aller sexuellen Identitäten geworden. Welche Vorstellungen von Gleichheit und Gerechtigkeit, von Toleranz und Akzeptanz prallen in der Diskussion aufeinander? Welches Menschenbild erweist sich als leitend? Wo wird die Gender-Agenda in der Praxis wirksam? Wo sind berechtigte Anliegen und Chancen zu erkennen, wo liegen Grenzen und Gefahren? Ein hochaktuelles Buch, das sachkundig orientiert und differenziert argumentiert.

Dr. Christoph Raedel ist Professor für Systematische Theologie an der Freien Theologischen Hochschule Gießen. Er publiziert zu Fragen der christlichen Ethik und leitet das Institut für Ethik & Werte.